이론 물리학자 17, 18, 19, 77, 78
이론 화학자 17, 20, 77, 78
이산화탄소 31, 45
인공 지능 73
임상 시험 52, 53
입자 17, 18, 19, 21, 47, 50, 51, 78

ㅈ
재료 공학자 67, 70, 71, 77, 78
전염병학자 47, 48, 49, 55, 77, 78
제임스 웹 우주 망원경 44
주기율표 21
줄기세포 학자 67, 69, 77, 78
지구 4, 5, 7, 8, 10, 13, 20, 25, 26, 27, 30, 31, 32, 34, 35, 38, 39, 40, 41, 42, 43, 44, 45, 47, 59, 60, 61, 62, 63, 64, 68, 69, 70, 76, 78
지도 26, 33
지진 25, 27, 28, 29, 78
지진학자 25, 28, 76, 78
지질학자 25, 26, 27, 35, 76, 78
질병 40, 43, 47, 48, 51, 55, 56, 57, 78

ㅊ
천문학자 22, 37, 38, 44, 78
천체 물리학자 37, 76, 78
침팬지 14

ㅋ
컴퓨터 4, 20, 30, 33, 38, 63, 67, 72, 73, 78
컴퓨터 모델 72
컴퓨터 과학자 67, 72, 73, 77, 78
코로나19 48, 49, 50, 55
크리스퍼 유전자 가위 68

ㅌ
타르보사우루스 34
태양 39, 60, 62
태양계 44
태양 전지판 40, 71

ㅍ
퍼서비어런스 45

ㅎ
항체 51, 53
해독제 57
해양 생물학자 7, 11, 12, 13, 76, 78
해양학자 10, 25, 32, 33, 76, 78
핵물리학자 17, 21, 77, 78
행성 37, 39, 78
행성 지질학자 37, 45, 76, 78
허블 우주 망원경 44
혹등고래 14
화산 25, 28, 29, 78
화산학자 25, 29, 76, 78
화석 25, 27, 34, 35, 78
화성 5, 33, 45
환경 운동가 7, 9, 13, 15, 73, 78
환경학자 59, 62, 63, 77, 78
회색곰 72

한국어판 1판 1쇄 펴냄 2025년 6월 1일
옮김 신인수 편집 김산정 디자인 전유진 펴낸곳 (주)비룡소 인터내셔널 전화 02)6207-5007 팩스 02)515-2007
한국어판 저작권 © 2025 Usborne Publishing Limited

영문 원서 JOBS PEOPLE DO What Do Scientists Do? 1판 1쇄 펴냄 2023년
글 톰 몸브레이 그림 잔 토그릴, 제럴딘 시 디자인 맷 프레스턴 감수 스티븐 커리, UK Space Agency
펴낸곳 Usborne Publishing Limited Usborne.com
영문 원서 저작권 © 2023 Usborne Publishing Limited

이 책의 영문 원서 저작권과 한국어판 저작권은 Usborne Publishing Limited에 있습니다.
저작권법에 의하여 한국 내에서 보호를 받는 저작물이므로 무단전재와 복제를 금합니다.
이 출판물의 어떠한 부분도 인공 지능 기술 또는 시스템(텍스트 또는 데이터 마이닝 포함)의 학습 목적으로 복제되거나 사용될 수 없으며,
당사의 사전 허가 없이 정보 검색 시스템에 저장하거나 어떤 형태로든 전송할 수 없습니다.
어스본 이름과 풍선 로고는 Usborne Publishing Limited의 트레이드 마크입니다.

찾아보기

ㄱ
강입자 충돌기 19
고니 15
고기후학자 59, 61, 78
고생물학자 25, 34, 35, 76, 78
공룡 34, 35
국제 우주 정거장 40, 41, 43
기상 관측 풍선 30
기상학자 25, 30, 76, 78
기후 4, 10, 12, 13, 32, 59, 60, 61, 64, 65, 68, 78
기후 과학자 31, 59, 60, 77, 78

ㄴ
나노 물질 71
날씨 15, 25, 30, 32, 59, 60, 74, 78
남극 10, 14, 27, 61
노벨상 57, 68

ㄷ
달 33, 41
대기 25, 30, 31, 32, 44, 60, 61, 78
대기 화학자 25, 31, 76, 78
동물 행동학자 7, 14, 76, 78
드론 26, 29

ㄹ
로봇 11, 40, 51

ㅁ
마리아나스네일피시 11
면역 체계 47, 51, 78
면역학자 47, 49, 51, 52, 57, 78
물 11, 12, 20, 32, 33, 45, 69
미생물학자 47, 49, 50, 78
미어캣 전파 망원경 38

ㅂ
바다 5, 7, 10, 11, 12, 13, 14, 28, 31, 32, 33, 63, 78
바이러스 47, 48, 49, 50, 51, 52, 54, 55, 78
바이러스학자 47, 49, 50, 51, 78
박테리아 47, 70, 78
백신 51, 52, 53, 54, 55
뱀 57
별 22, 37, 38, 44, 78
북극 14, 62
북극제비갈매기 14
분자 생물학자 67, 68, 78
빅뱅 22, 23
빙하 코어 61
뿔도마뱀 14

ㅅ
산호초 12
생의학자 37, 40, 42, 43, 45, 78
생태학자 7, 8, 9, 10, 76, 78
생화학자 7, 8, 78
세계 보건 기구 55
세포 7, 56, 67, 68, 78
수학자 37, 41, 78
슈퍼컴퓨터 20, 30
시민 과학자 59, 63, 77
식물 7, 8, 13, 37, 41, 61, 68, 78
식물학자 7, 8, 76, 78
식품학자 69
실험 물리학자 17, 18, 19, 77, 78
쓰나미 28

ㅇ
아델리펭귄 10
암 8, 56
암석 25, 26, 27, 29, 35, 37, 39, 45, 78
약 4, 51, 52, 56, 57, 78
약리학자 47, 49, 51, 52, 54, 56, 57, 77, 78
얼룩말 73
열대 우림 8, 9, 14, 62
온실가스 60, 61, 62, 65, 69
왕잠자리 63
외계 행성 37, 44
우주 5, 17, 21, 22, 23, 37, 38, 39, 40, 41, 42, 43, 44, 76, 78
우주론자 17, 22, 23, 76, 78
우주 배경 복사 22
우주 비행사 40, 41, 42, 43
우주 생물학자 37, 45, 76, 78
우주선 21, 37, 78
우주 식물학자 37, 41, 78
우주 화학자 37, 39, 76, 78
운석 35, 39
울버린 72
원자 17, 18, 21, 78
위성 14, 15, 62
유전자 47, 56, 68, 78
유전학자 47, 56, 78
의사 43, 54, 55

과학 분야 직업

이 책에 소개된 다양한 직업을 모두 모았어요.

고기후학자는 수백만 년 전에는 지구 기후가 어땠을지를 조사해요.

고생물학자는 고대 동식물이 암석에 남긴 흔적인 화석을 연구해요.

기상학자는 지구의 날씨를 연구해요.

기후 과학자는 날씨 현상과 변화 요인을 연구해요.

대기 화학자는 지구를 층층이 둘러싼 기체인 대기의 구성물을 주의 깊게 지켜봐요.

동물 행동학자는 동물이 어떻게 행동하는지를 조사해요.

면역학자는 질병이 어떻게 인체의 자연적인 보호망, 즉 면역 체계를 뚫고 침투하는지를 조사해요.

미생물학자는 박테리아와 바이러스를 비롯하여 지구에서 가장 작은 유기체인 미생물을 연구해요.

바이러스학자는 '바이러스'라는 전염성 입자를 연구해요.

분자 생물학자는 동식물 속에 있는 작은 구조, 즉 분자를 연구해요.

생의학자는 인체를 연구하고, 우주를 비롯한 다른 환경에서 인체가 어떻게 적응하는지를 탐구해요.

생태학자는 동식물이 살아가는 모습이나 생물과 환경 사이의 연관성을 탐구해요.

생화학자는 세포, 유전자 등 생물체의 구성 요소와 그 안에서 일으키는 화학 반응에 관해 연구해요.

수학자는 우주선이 이동하기 가장 좋은 경로를 계산하는 방법 등 까다로운 문제를 해결해요.

식물학자는 모든 종류의 식물에 관해 조사해요.

실험 물리학자는 다양한 물리학 이론과 가설을 증명하는 실험을 해요. 실험에 필요한 장치나 기술도 연구해요.

약리학자는 치료제가 안전하고 효과적인지를 확인하고 새로운 치료법을 찾아요.

우주 생물학자는 다른 행성에서 생명 활동이 어떻게 이루어지는지를 탐구해요.

우주 식물학자는 우주 정거장에서 식물을 키우는 방법을 연구해요.

우주 화학자는 우주를 구성하는 화학 물질을 연구해요.

우주론자들은 우주의 탄생과 진화, 구조를 탐구해요.

유전학자는 유전자를 연구하고, 유전자가 잘못되었을 때 어떻게 되는지를 탐구해요.

이론 물리학자는 세상에서 자연 현상을 일으키는 모든 것, 즉 '물질'을 연구해서 물리학 이론을 만들어요.

이론 화학자는 화학 물질이 서로 어떻게 반응하는지에 관한 이론을 개발해요.

재료 공학자는 새로운 재료를 개발해요.

전염병학자는 질병이 어떻게 퍼지는지, 어떻게 막을 수 있을지를 조사해요.

줄기세포 학자는 세포에 관해 연구해요. 특히 몸 어느 부위에서든 자랄 수 있는 줄기세포를 연구하지요.

지진학자는 지구 곳곳에서 일어나는 지진을 연구해요.

지질학자는 지구를 구성하는 암석, 흙, 물질을 탐구해요.

천문학자(천체 물리학자)는 행성과 별, 은하에 이르기까지 우주의 모든 것을 연구해요.

컴퓨터 과학자는 컴퓨터로 새로운 프로그램을 개발하고 사용법도 알려요.

해양 생물학자는 바다에 사는 생물을 집중해서 연구해요.

해양학자는 해류, 조류, 파도 등 해양에서 일어나는 여러 현상을 관찰해요.

핵물리학자는 원자와 그 안에서 발견되는 훨씬 더 작은 입자에 관해 연구해요.

행성 지질학자는 다른 행성에서 발견한 암석을 관찰해요.

화산학자는 육지와 해저의 화산을 조사해요.

환경 운동가는 생물들을 보호하는 일을 해요.

환경학자는 인간이 지구에 어떤 영향을 끼쳤는지를 탐구하고 환경 문제를 어떻게 해결할지 연구해요.

어떤 과학자가 될까요?

과학에는 굉장히 다양한 분야가 있어요. 어떤 분야가 나와 잘 맞을까요?
아래 질문에 스스로 답해 보아요.

과학관에 가요.
과학에 관해
더 많은 것을 배우고,
과학자가 하는 일을
경험할 수 있어요.

과학에 관해 최대한 많이 배워요.

과학 지식이 담긴 책을
읽어요. 도서관이나 서점을
가거나 온라인으로 찾아봐요.

학교 안팎에서 과학을
공부해요. 과학 선생님께
궁금한 것을 질문해요.

과학 관련 영상과
프로그램을 봐요.
어른과 함께 영상을
골라서 시청해요.

과학에 대해 더 알아보고
재미난 실험을 하고 싶나요?

QR코드를 스캔해서
usborne.com/quicklinks에
방문해 보세요.

친구와 자유롭게 **토론**해요.
자신의 의견이 옳다고 **확신**하나요?
아니면 더 **생각**해 봐야 할까요?

여러분이 과학자가
되지 않는다고 해도,
이런 방식으로 생각하는 것은
어떤 일에서든
꼭 필요한 기술이에요.

과학자가 되려면 무엇을 해야 할까요?

언젠가 여러분은 이 책에 소개된 직업 중 하나를 선택할지도 몰라요.
누구나 과학자가 될 수 있거든요.
과학자가 되기 위해 무엇부터 시작하면 좋을지 알아봐요.

- 나뭇잎은 왜 초록색일까?
- 날씨는 왜 변할까?
- 비행기는 어떻게 하늘을 날까?
- 파리는 어떻게 천장을 걸어 다닐까?
- 우리가 들이쉬는 공기는 무엇일까?
- 음식을 요리하면 재료에 어떤 변화가 생길까?

과학자는 호기심을 갖는 게 가장 중요해요.

주변 세상을 관찰하고 여러 현상이 왜 일어나는지 궁금해하고 질문하세요.

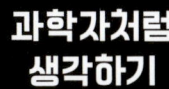

과학자처럼 생각하기

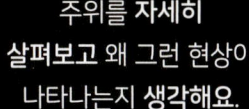

주위를 자세히 살펴보고 왜 그런 현상이 나타나는지 생각해요.

어떤 **아이디어**가 떠올랐다면, 근거도 댈 수 있나요? **증거**를 찾아야 하고 **실험**을 해야 할 수도 있어요.

똑똑한 컴퓨터 활용

컴퓨터 과학자가 컴퓨터 스스로 배우도록 가르칠 수 있다는 사실을 알고 있나요? 이런 기술을 **인공 지능**(AI)이라고 해요.

케냐의 환경 운동가는 현지에 있는 얼룩말 수를 계속 세야 해요. 쉽지 않은 일이지요.

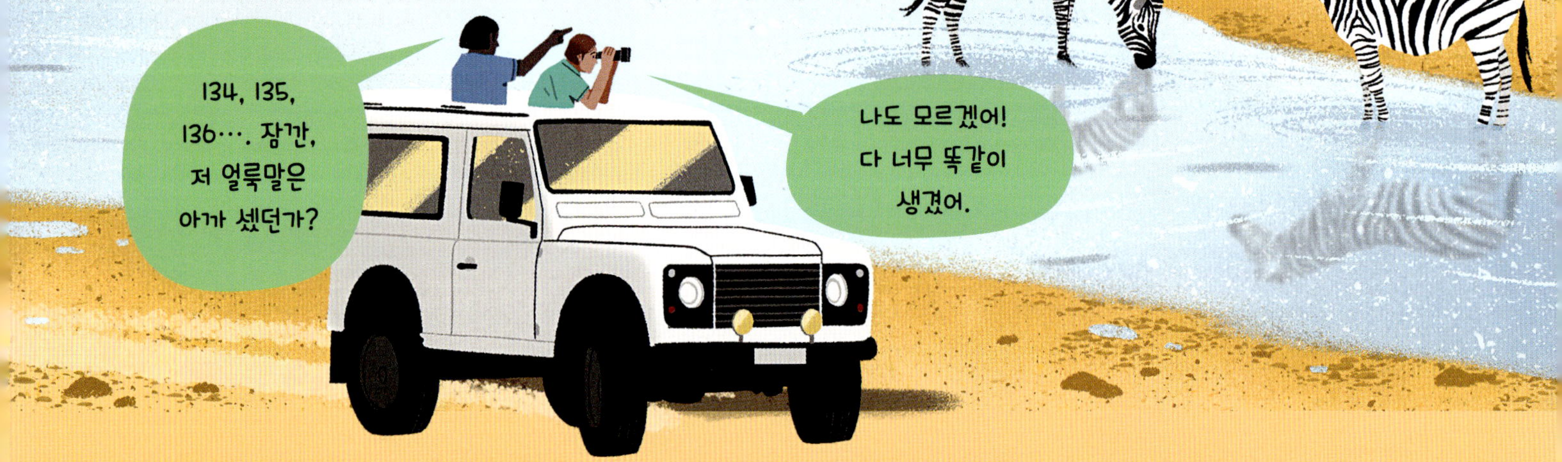
134, 135, 136…. 잠깐, 저 얼룩말은 아까 셌던가?
나도 모르겠어! 다 너무 똑같이 생겼어.

컴퓨터 과학자는 얼룩말 수를 정확히 세기 위해서 컴퓨터가 얼룩말을 하나하나 알아보도록 훈련시켜요. 다음과 같이 인공 지능을 이용하지요.

컴퓨터 과학자는 컴퓨터에 사진 수천 장을 입력해요. 인공 지능은 어떤 사진이 어떤 얼룩말과 일치하는지 예측해요.

일치 발견
정답?

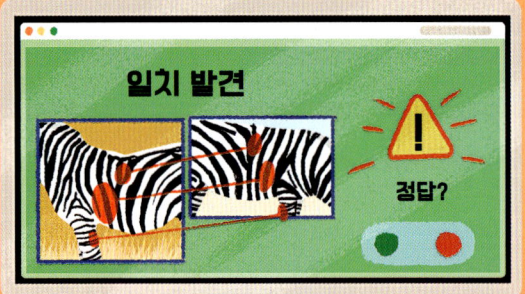

그러면 컴퓨터 과학자가 어떤 예측이 옳은지 평가해요.

컴퓨터는 얼룩말이 저마다 지닌 고유한 무늬를 통해 서로 다른 얼룩말을 구분하는 법을 배워요. 그래서 같은 얼룩말을 두 번 세지 않을 거예요.

얼룩말의 수
231
얼룩말의 수가 늘어나고 있네.

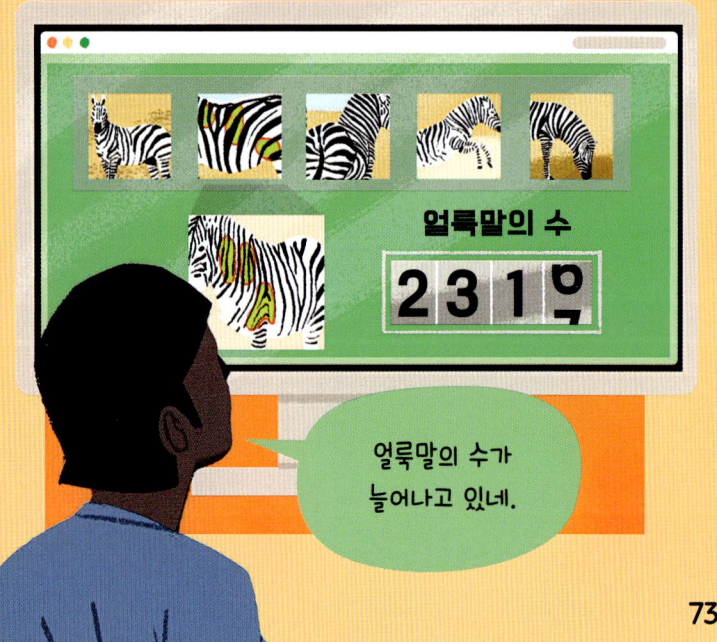

동물 보호

어떤 문제들은 너무 복잡해서 과학자 혼자 해결할 수 없어요. 그래서 **컴퓨터 과학자**가 컴퓨터 모델을 만들어 어떤 일이 일어날지 예측해서 해결책을 찾도록 도와요.

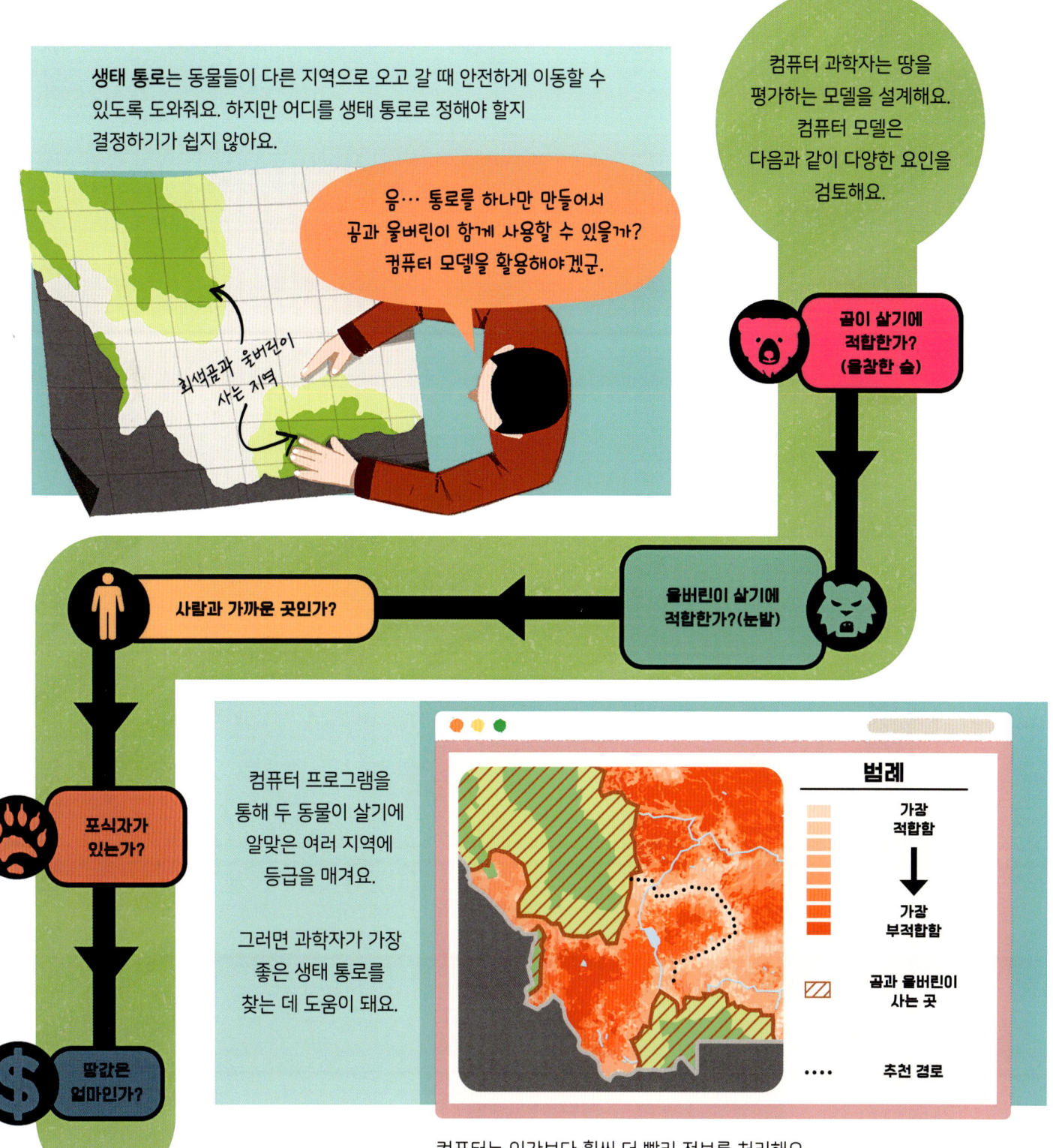

컴퓨터는 인간보다 훨씬 더 빨리 정보를 처리해요.
덕분에 과학자가 써야 할 시간을 아낄 수 있어요. 머리도 덜 쓰게 하지요.

태양 전지판은 전력을 생산하는 아주 좋은 방법이에요. 하지만 부피가 너무 커요.
그래서 재료 공학자는 유연하고 가벼운 재료를 개발했어요.
이제는 평평하지 않은 곳에서도 태양 에너지를 만들어 낼 수 있어요.

특별한 재료 개발

재료 공학자가 개발한 물건은 어떤 것들이 있을까요?
만약 특별한 물건을 즐겨 만들고 사람들의 일상을 변화시키고 싶다면
재료 공학자가 하는 일을 눈여겨보아요.

재료 공학자는 이미 존재하는 재료를 더 좋게 개발해요. 예를 들어, 플라스틱은 분해되는 데 시간이 굉장히 오래 걸리기 때문에 '바이오플라스틱'이라고 하는 친환경 대용품을 개발하기도 해요.

작은 박테리아로 바이오플라스틱을 만들어요.

박테리아에게 줄 영양분

박테리아 몸속에서 자라나는 바이오플라스틱

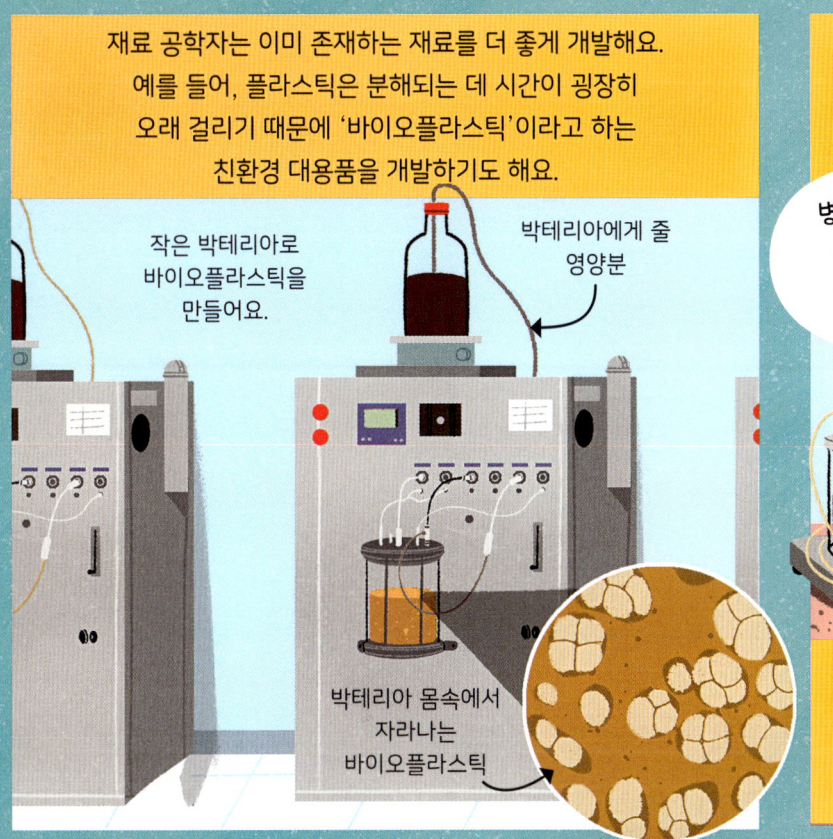

과학자들이 바이오플라스틱을 뽑아내서 흙과 함께 병에 넣고 어떻게 되는지 지켜봐요.

병 속에서 가스가 굉장히 많이 나오고 있어요. 다른 물질로 분해되고 있다는 뜻이에요.

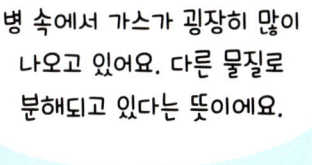

바이오플라스틱으로 컵이나 용기를 만들 수 있어요. 이 물건들은 지구를 오염시키지 않고 안전하게 분해될 거예요.

인체 일부가 될 재료를 설계하는 재료 공학자도 있어요.

과학자들이 살아 있는 살을 인쇄하는 3D 프린터를 만들었어요.

언젠가는 몸속 장기 전체를 인쇄할 수 있을지도 몰라요!

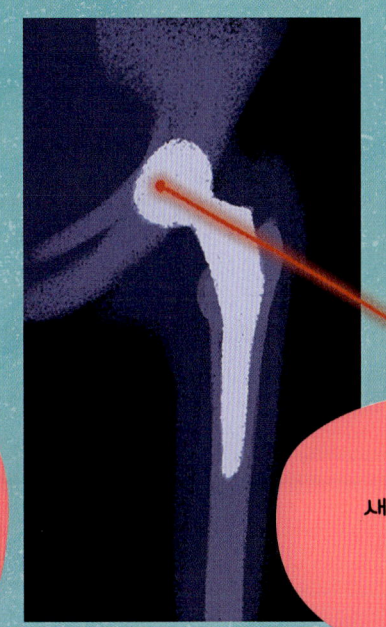

우리는 인공 고관절에 새로운 화학 물질을 코팅했어요. 관절에 뼈가 자라나 더 튼튼해지지요.

친환경 음식 개발

농장에서 기르는 가축은 지구에 큰 영향을 끼칠 수 있어요. 예를 들어, 고기를 얻으려고 소를 기를 때 많은 물과 넓은 목초지가 필요해서 산림을 훼손해요. 소들이 만들어 내는 온실가스 역시 어마어마하지요.

줄기세포 학자는 지구에 해를 끼치지 않으면서 고기를 생산하기 위해 농장을 최신식 실험실로 바꾸었어요.

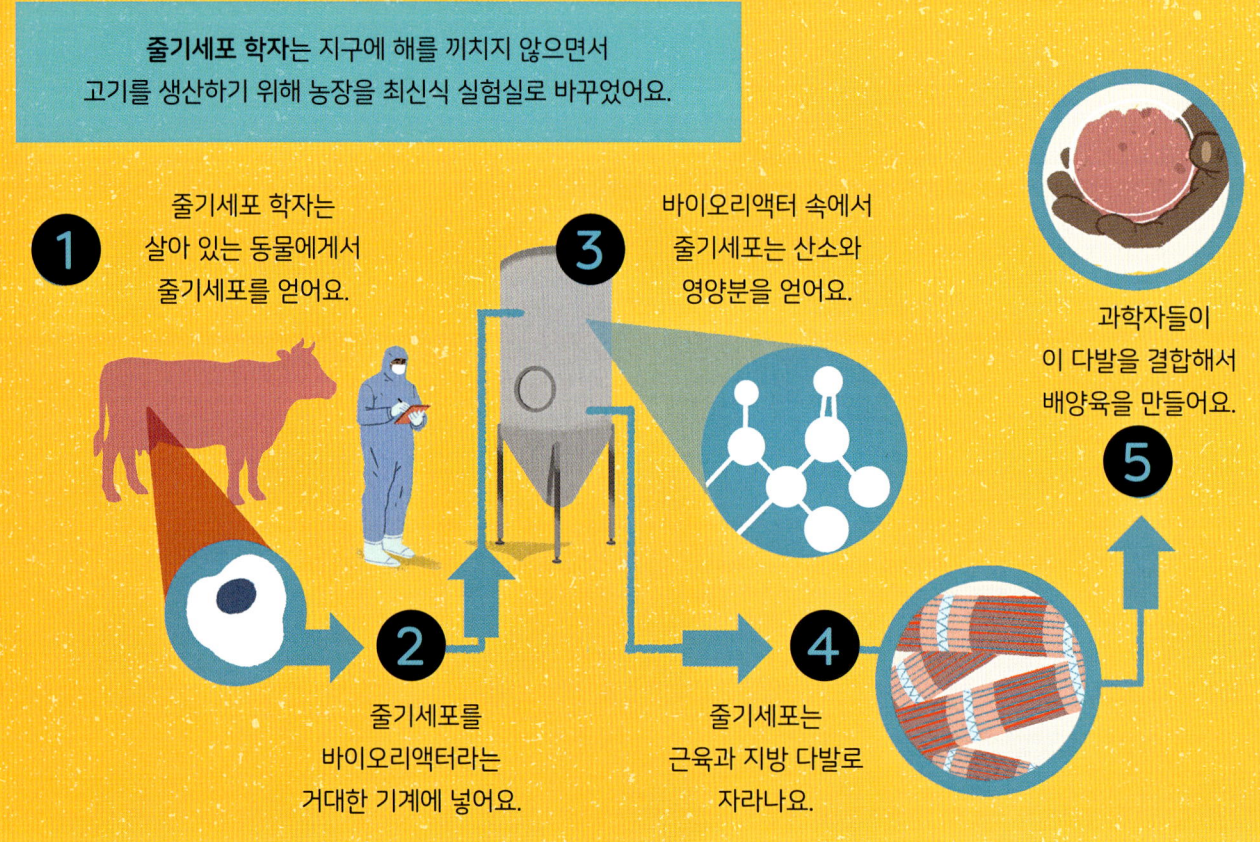

1. 줄기세포 학자는 살아 있는 동물에게서 줄기세포를 얻어요.
2. 줄기세포를 바이오리액터라는 거대한 기계에 넣어요.
3. 바이오리액터 속에서 줄기세포는 산소와 영양분을 얻어요.
4. 줄기세포는 근육과 지방 다발로 자라나요.
5. 과학자들이 이 다발을 결합해서 배양육을 만들어요.

줄기세포 학자는 식품학자와 함께 일하며 맛과 식감을 개선하고 실험실에서 만든 배양육의 값을 낮추려고 애쓰고 있어요.

햄버거가 아주 맛있는데요! 언제쯤이면 레스토랑에서 주문할 수 있을까요?

좀 기다려야 할 거예요. 실험실에서 만든 배양육은 가격이 수천 달러나 되거든요.

가공 과정에서 가격을 낮출 방법을 찾아야 해요.

미래의 지구에서 살아가기

2100년까지 지구는 100억 명이 넘는 사람들의 보금자리가 될 거예요. 그토록 많은 사람이 충분히 먹을 만큼 먹거리를 키우는 건 어려운 일이에요. 특히 지구가 기후 변화를 겪는 시기에는요. **분자 생물학자**가 이를 대비해 최첨단 해결책을 개발하고 있어요.

모든 생명체는 **유전자**를 가지고 있어요. 그래서 각 생명체가 환경에 따라 어떤 반응을 보이는지 유전자로 찾아낼 수 있어요.

날이 너무 더워서 토마토가 잘 자라지 못하고 있어요.

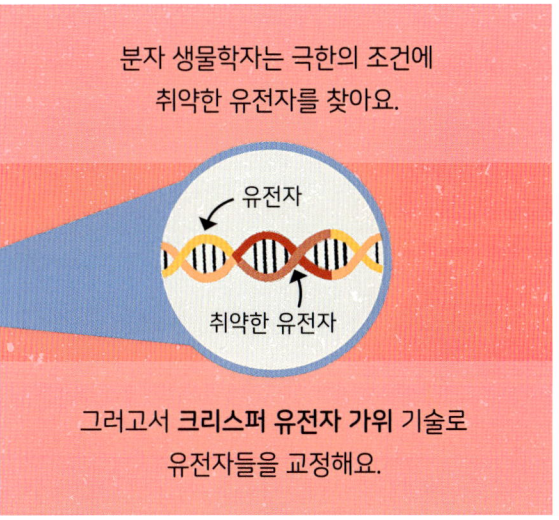

분자 생물학자는 극한의 조건에 취약한 유전자를 찾아요.

그러고서 **크리스퍼 유전자 가위** 기술로 유전자들을 교정해요.

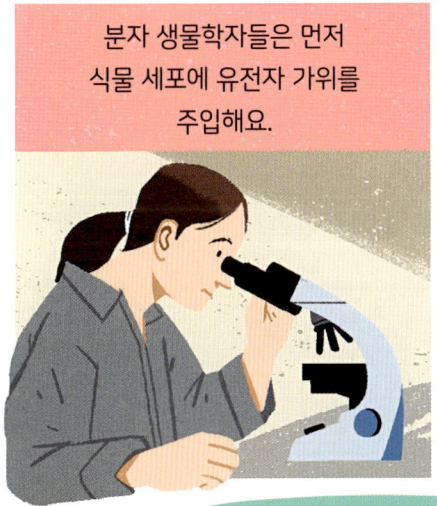

분자 생물학자들은 먼저 식물 세포에 유전자 가위를 주입해요.

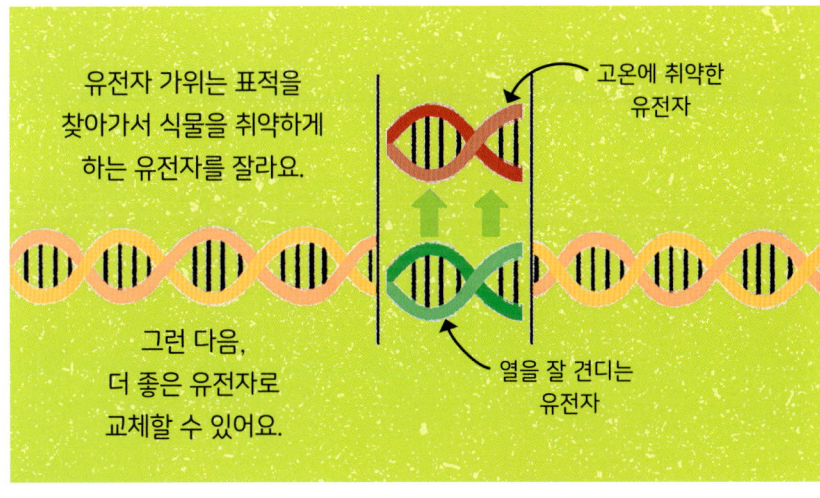

유전자 가위는 표적을 찾아가서 식물을 취약하게 하는 유전자를 잘라요.

그런 다음, 더 좋은 유전자로 교체할 수 있어요.

유전자 편집 기술로 자란 토마토는 열에 더 강하고, 훨씬 더 맛있어요!

과학자들은 어떻게 하면 **크리스퍼 유전자 가위**를 사람의 병을 고치는 데 쓸 수 있을지 시험하고 있어요.

2020년, 제니퍼 다우드나와 에마뉘엘 샤르팡티에는 크리스퍼 유전자 가위를 개발한 공로로 노벨상을 받았어요.

과학자는 새로운 기술을 개발해요

새로운 과학 기술에 관심이 많은가요? 아래 과학자들의 활동에 주목해 봐요. 전 세계의 다급한 문제를 해결해 줄 새로운 방법을 개발하고 있거든요.

분자 생물학자는 동식물 속에 있는 작은 구조, 즉 분자를 연구해요.

줄기세포 학자는 모든 동물의 몸을 구성하는 기초 단위인 세포에 관해 연구해요. 특히 몸 어느 부위에서든 자랄 수 있는 줄기세포를 연구하지요.

재료 공학자는 새로운 재료를 개발해요.

컴퓨터 과학자는 컴퓨터로 새로운 프로그램을 개발하고 사용법도 알려요.

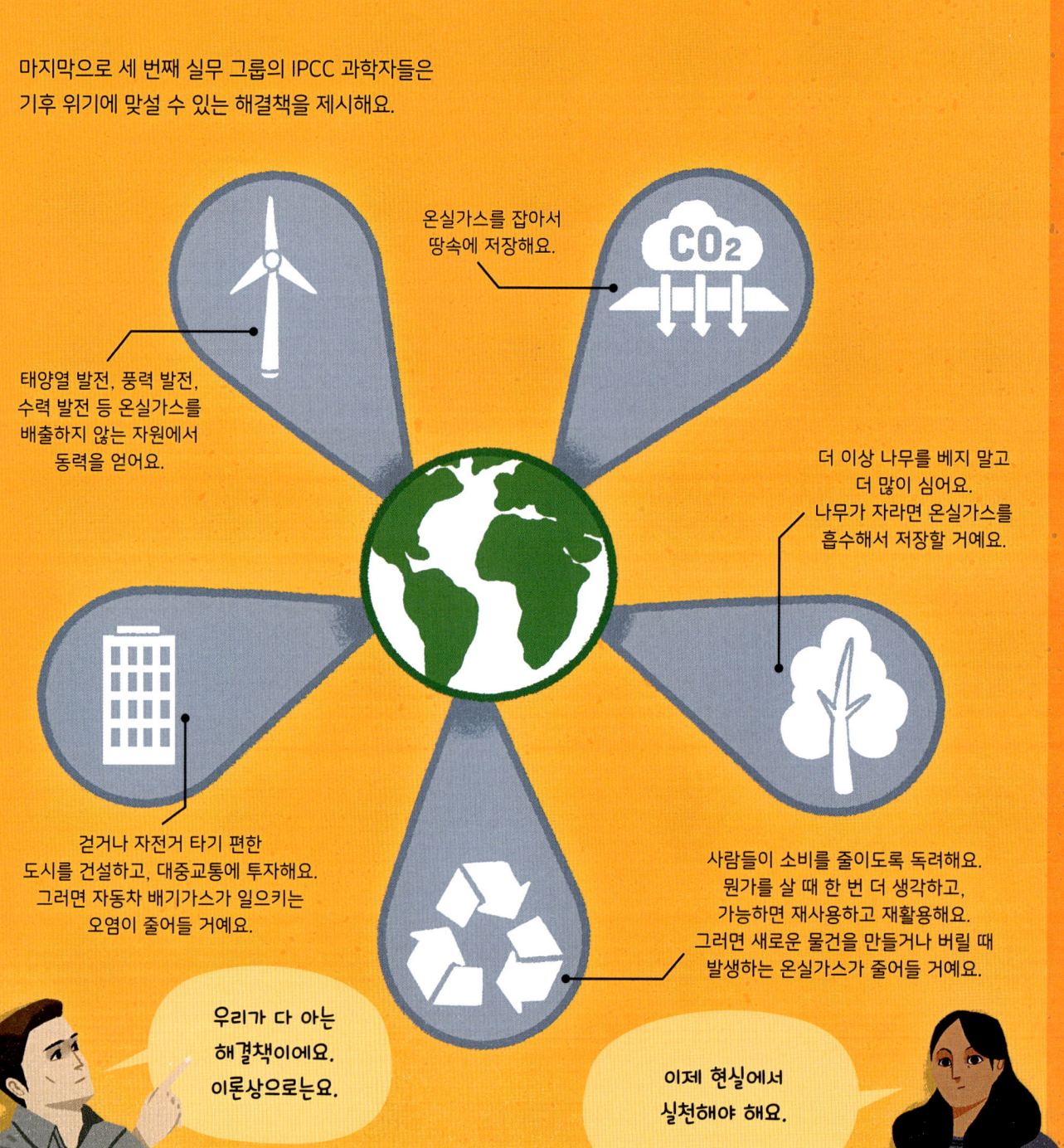

IPCC 과학자들은 **모든 사람**이 해결책을 더 쉽게 이해하도록
수많은 과학적 연구 자료를 짧고 간단하게 줄인 요약본을 발표해요.
그다음, 필요한 정책으로 바꾸는 건 정치인의 몫이에요.
그리고 각자 주어진 몫을 해내는 건 우리 손에 달렸어요.

기후 보고서

전문 과학자 단체인 **기후 변화에 관한 정부 간 협의체**(IPCC)는
모든 최신 기후 연구 자료를 모으고 정부에 설명하는 일을 맡고 있어요.

IPCC 과학자들은 몇 년에 한 번씩 세 그룹으로 나눠 보고서를 작성해서 내요. 첫 번째 실무 그룹은 현재 기후 상태를 설명해요.

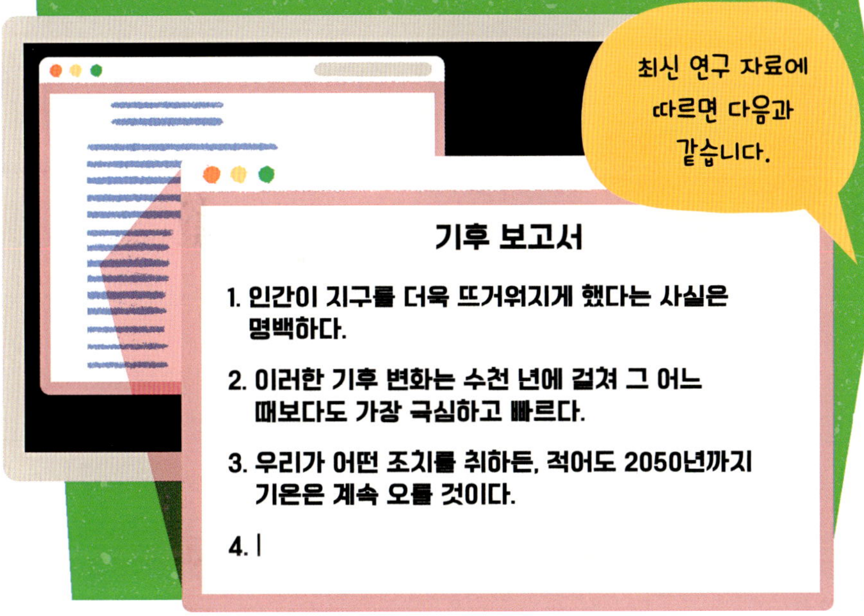

최신 연구 자료에 따르면 다음과 같습니다.

기후 보고서

1. 인간이 지구를 더욱 뜨거워지게 했다는 사실은 명백하다.
2. 이러한 기후 변화는 수천 년에 걸쳐 그 어느 때보다도 가장 극심하고 빠르다.
3. 우리가 어떤 조치를 취하든, 적어도 2050년까지 기온은 계속 오를 것이다.
4.

IPCC 과학자들은 정보가 정확한지 확인하기 위해서 연구 자료에 관해 많은 질문을 던져요.

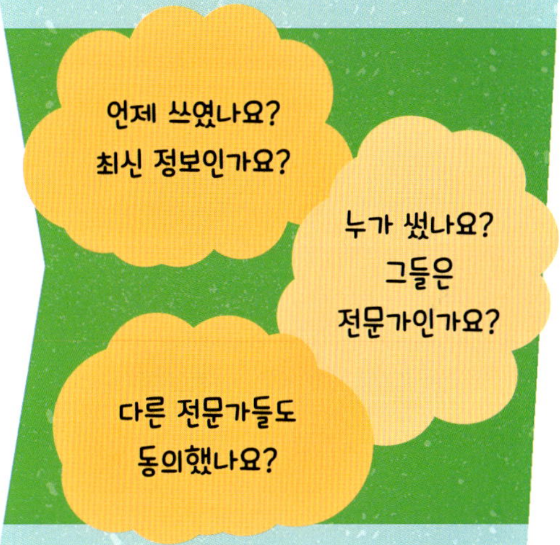

언제 쓰였나요? 최신 정보인가요?

누가 썼나요? 그들은 전문가인가요?

다른 전문가들도 동의했나요?

여러분도 새로운 정보를 만날 때마다 이런 질문을 던지는 게 중요해요.

두 번째 실무 그룹의 IPCC 과학자들은 기후 변화가 전 세계에 끼친 영향을 다뤄요.

폭염이 잦아지고 따뜻한 계절이 길어질 것입니다.

새로운 메시지
수신자 : IPCC 과학자들
제목 : 기후 변화가 끼치는 영향

기후 변화가 어떤 영향을 끼칠 거라고 생각하십니까?

해수면이 계속 높아져서 섬과 해안 지역은 위기에 처할 것입니다.

가뭄이 더욱 심해질 것입니다.

심각한 홍수가 더 자주 일어날 것입니다.

모두가 함께 돕기

지구를 보호하기 위해 필요한 정보를 과학자들이 모두 모을 수는 없어요.
그래서 **시민 과학자**가 함께하지요.

영국에서는 시민 과학자가 야생 동물을 목격하면 바로 기록을 전송해요. 환경학자는 이 정보를 바탕으로 특정한 동물 종의 수를 추적할 수 있어요.

미국의 일부 공원에서는 시민들이 찍은 사진을 환경학자에게 보내요. 그러면 시각 자료로 기록되어 변화된 모습을 볼 수 있어요.

아주 오래전부터 선원들은 바다의 상태를 기록해 왔어요. 자원봉사자들이 이 정보들을 컴퓨터에 입력해 줘서 **기후학자**는 이를 바탕으로 과거 모습을 그려 볼 수 있어요.

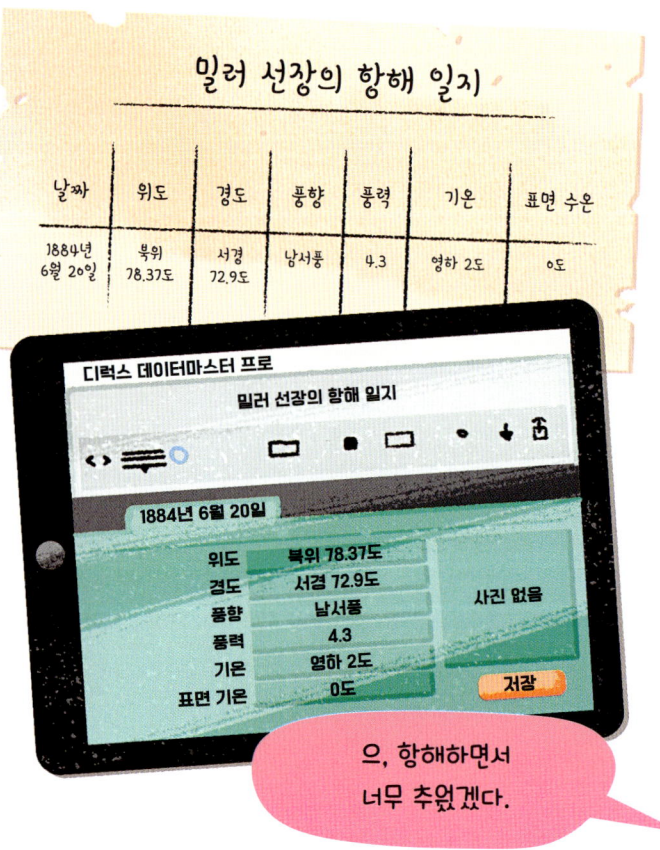

위성 사진으로 추적

환경학자는 위성 사진을 통해 벌목(나무를 베는 일)으로 숲이 없어지거나 해빙(바닷물이 얼어 생긴 얼음)이 녹는 등 지구에 생긴 문제들을 지켜봐요. 그러면 인간이 지구에 어떤 영향을 끼치는지 추적할 수 있어요.

아마존 열대 우림

노란색은 나무가 잘려 나간 곳을 나타내요.

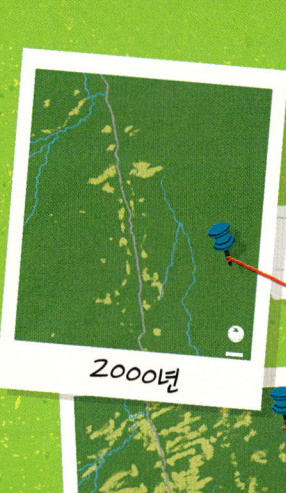
2000년

2008년

2014년

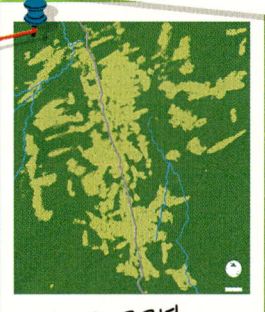
2022년

문제
- 많은 동물이 보금자리를 잃었어요.
- 나무를 베면 온실가스가 더 많이 배출돼요.

해결책
- 위성 사진을 이용하여 정부가 불법으로 벌목하는 걸 단속해요.
- 고기를 덜 먹어요. 가축을 키우려고 많은 숲을 없애기 때문이에요.

북극

흰색은 여름에 녹고 남은 해빙을 나타내요.

1979년

1999년

2022년

자세한 데이터가 없어도 지구가 점점 더 뜨거워지고 있다는 걸 알 수 있어요. 북극에서 녹아 없어지는 얼음을 보세요.

문제
- 하얀 얼음은 태양의 열과 빛을 반사해요. 얼음이 적어진다는 것은 더 많은 열과 빛이 흡수되어 기온이 올라갈 거라는 뜻이에요.
- 기온이 오르면 기상 이변이 더 심해질 거예요.

해결책
- 발생하는 온실가스 양을 줄여요.
- 얼음이 줄어들 때 생길 수 있는 위험을 널리 알려서 사람들의 행동에 변화를 이끌어요.

고대 기후 연구

지구의 기후는 지난 수억 년을 거치며 많이 변했어요.
옛날에는 기후가 어땠는지 알아내기 위해서
고기후학자는 독특한 자료를 구해요.

고기후학자는 남극의 얼음을 깊이 뚫어서 원통형 얼음 기둥을 뽑아내요.
이 기둥을 '빙하 코어'라고 해요.

드릴

빙하 코어

빙하를 연구하면 옛날 기온을 예측할 수 있어요.

빙하에 갇힌 꽃가루는 옛날에 어떤 식물이 자라고 있었는지 나타내요.

빙하 코어는 꽁꽁 언 타임캡슐과도 같아요!

해마다 얼음층이 새로 생겨요. 가장 밑에 있는 층이 가장 오래전에 생긴 층이지요.

공기 방울은 대기에 어떤 기체가 있었는지 나타내요.

고기후학자는 지구의 기후 역사에 관한 정보를 하나하나 끼워 맞추면서 기후가 자연적으로 얼마나 변했는지를 파악해요.

온실가스 수치

남극 평균 기온

80만 년 전 · 60만 년 전 · 40만 년 전 · 20만 년 전 · 현재

과거에 온실가스 수치가 높을 때 기온이 높았어요.

그리고 현재는 온실가스 수치가 훨씬 더 높아졌어요. 따라서 기온은 훨씬 더 높아질 거예요.

기후 변화 관찰

최근 과학자들은 약 200년 동안 지구 온도가 걱정스러울 만큼 빠르게 상승하고 있다는 걸 알았어요. 그 원인을 알아내는 것은 **기후 과학자들**에게 달렸어요.

기후 과학자들은 오랜 기간에 걸쳐 지구의 평균 온도 같은 날씨 변화와 대기 속 가스처럼 지구에 영향을 미치는 변화들을 비교했어요.

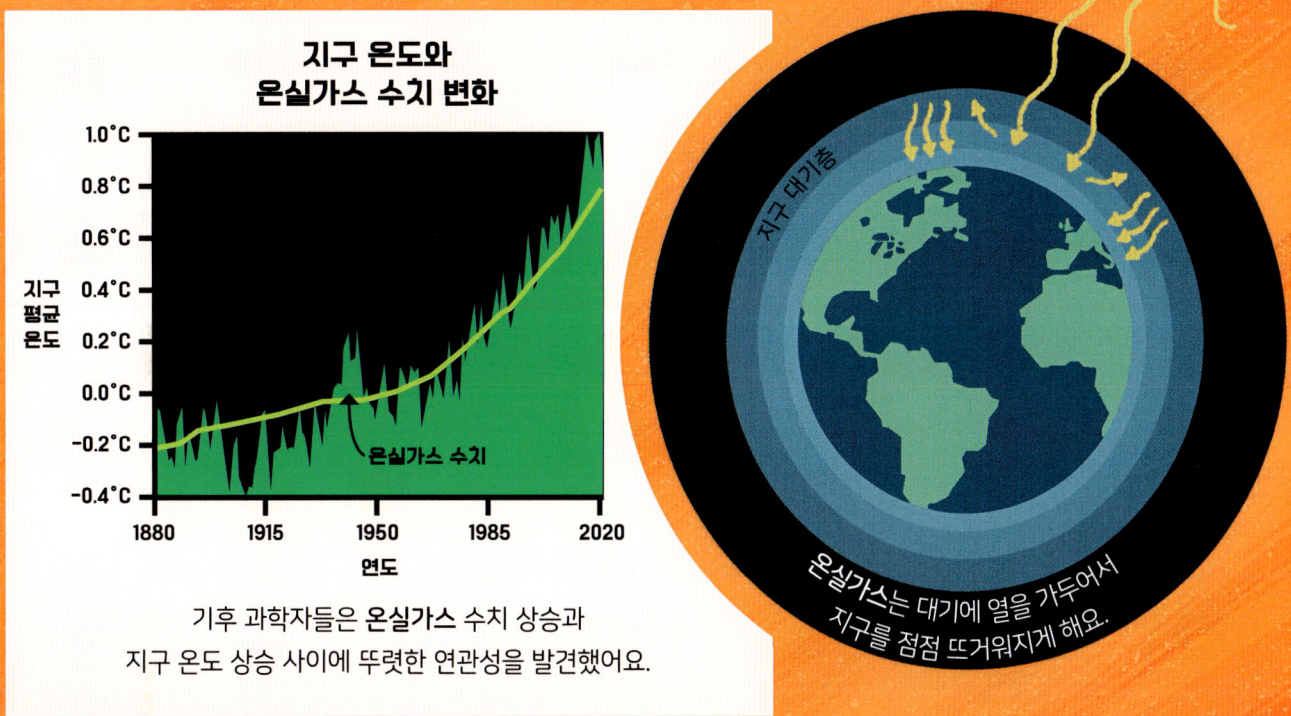

기후 과학자들은 **온실가스** 수치 상승과 지구 온도 상승 사이에 뚜렷한 연관성을 발견했어요.

이런 활동을 줄이지 않는다면 지구 온도는 계속 올라갈 거예요. 그러면 끔찍한 결과를 맞이하게 돼요.

과학자는 지구 환경을 보호하는 방법을 찾아요

지구를 보호하기 위해 얼마나 열심히 노력하나요?
지구가 겪는 문제를 알아내고
해결 방법을 생각하느라 바쁜 과학자들을 소개할게요.

기후 과학자는 날씨 현상과 변화 요인을 연구해요.

고기후학자는 수백만 년 전에는 지구 기후가 어땠을지를 조사해요.

환경학자는 인간이 지구에 어떤 영향을 끼쳤는지를 탐구하고 환경 문제를 어떻게 해결할지 연구해요.

시민 과학자는 스스로 시간을 내서 과학 연구를 돕는 일반 시민이에요.

자연으로부터 배우기

때때로 과학자들은 뜻밖의 장소에서 새로운 약을 만들 때 필요한 정보를 발견해요.

1969년, 중국 약리학자인 **투유유**는 당시 목숨을 위협하는 질병이었던 **말라리아**의 치료제를 만들고 있었어요.

투유유는 고대 중국 약초를 연구하며 말라리아 치료에 도움이 될 약재를 찾고 있었어요.

1600년 전 책에 열을 내릴 때 개똥쑥을 어떻게 약으로 쓰는지 쓰여 있었어요. 투유유는 여기서 영감을 얻었지요. 말라리아의 증상도 고열이었거든요.

투유유는 이 방법을 활용해 말라리아 치료제를 만들어서 수백만 명의 목숨을 구했어요.

2015년, 투유유는 훌륭한 업적을 인정받아 **노벨상**까지 받았어요.

무시무시한 뱀독

뱀한테 물리면 뱀독으로 인해 죽을 수도 있어요.
하지만 **면역학자**는 뱀독을 안전하게 모아 치료제를 만들어요.

살무사

겁이 많은 사람에게는 어려운 일이에요! 이 독사는 몇 시간 만에 목숨을 빼앗아 갈 수도 있어요.

쉬시시식

면역학자는 뱀독을 이용해서 치료제인 해독제를 개발해요. 해독제에는 뱀독의 독성을 중화시키는 물질이 들어 있어요.

뱀독을 컵에 모아요.

유전자 돌연변이 연구

인체는 수십억 개의 세포로 구성되어 있어요. 그리고 세포마다 **유전자**가 들어 있어요.
유전자에는 생물이 세포를 어떻게 구성하고 유지하는지, 서로 어떻게 연결되어 있는지,
정보가 담겨 있어요. 유전자가 변해서 돌연변이가 생기면 암 같은 질병을 일으킬 수 있어요.

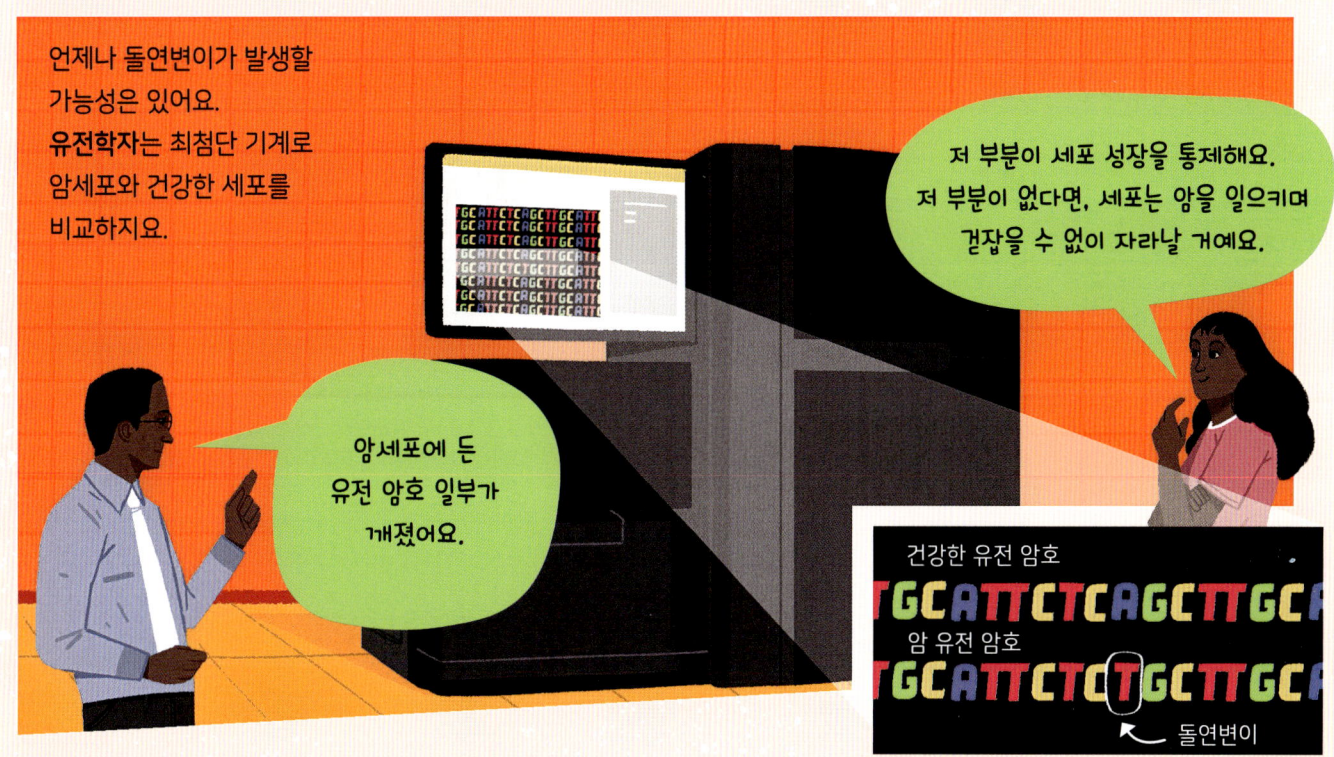

유전학자들이 어떤 돌연변이가 문제인지 파악하기만 하면
돌연변이를 찾아내기가 더욱 쉬워져요.
그러면 **약리학자**가 치료제를 개발할 수 있어요.

바이러스 뿌리 뽑기

1960년대에 **세계 보건 기구**(WHO)라는 국제기구의 과학자들은 캠페인을 시작했어요. 세계에서 가장 치명적인 바이러스성 질병인 **천연두**를 뿌리 뽑기 위해서였지요.

빠른 연구

새로운 치료제를 개발하려면 대개 몇 년씩 걸려요. 하지만 과학자들은 안전하고 효과적인 코로나19의 백신 몇 가지를 1년도 안 되어 만들었어요.

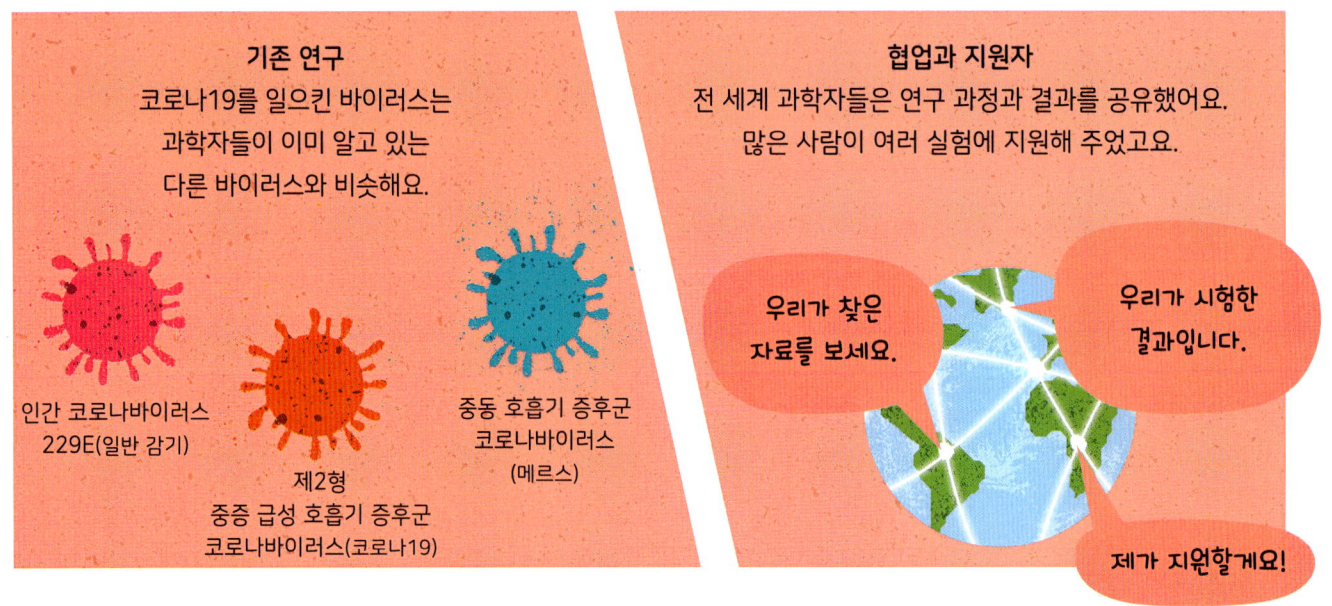

마지막 시험 단계

마지막 단계인 임상 3상에서 과학자들은 수천 명의 지원자에게 치료제를 주며 시험해요.

과학자들은 백신이 바이러스를 막아서 병에 걸리지 않게 하는지 확인하려고
지원자들을 추적 관찰해요.

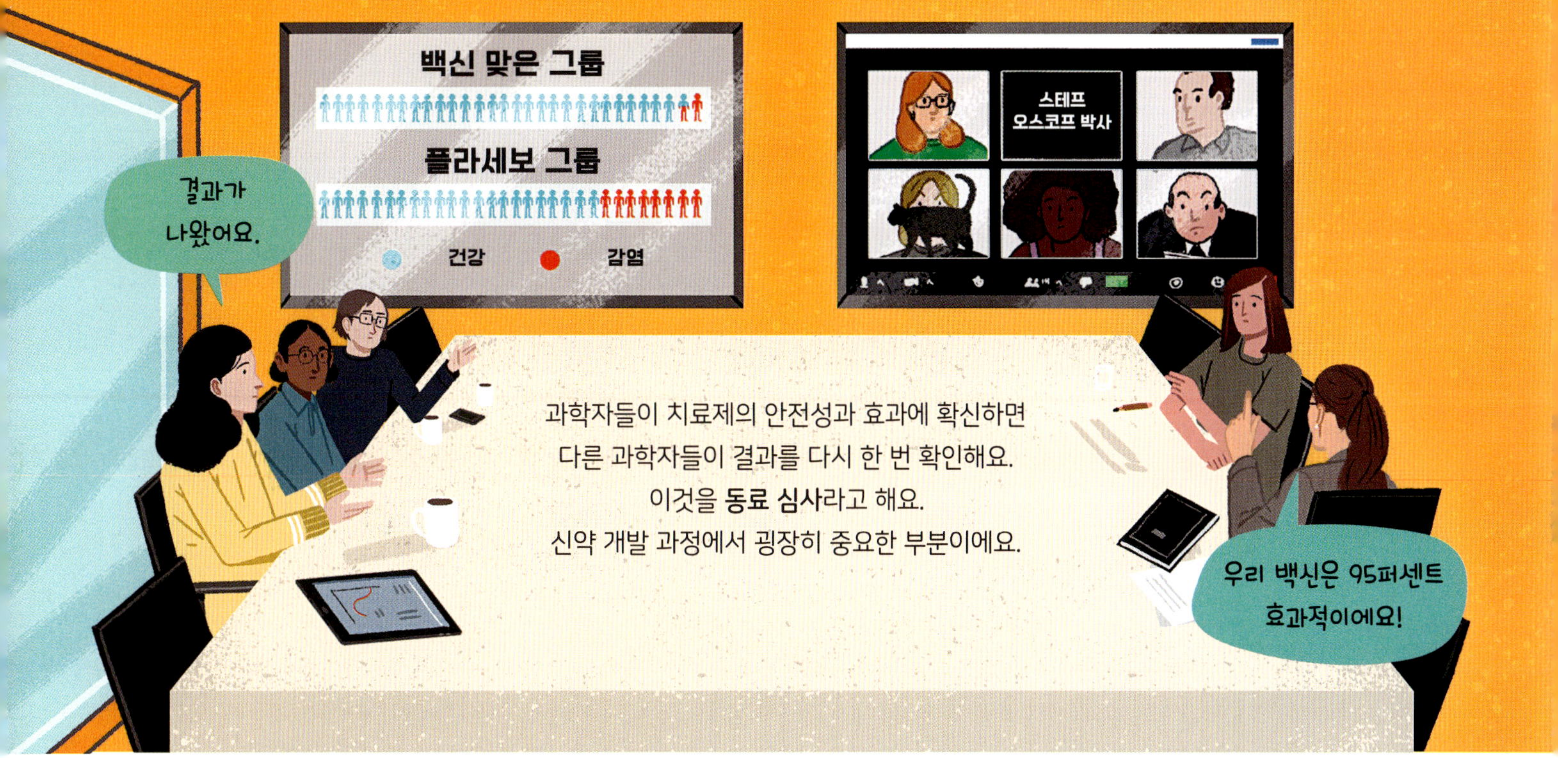

백신 맞은 그룹
플라세보 그룹
건강
감염
스테프
오스코프 박사
결과가
나왔어요.
우리 백신은 95퍼센트
효과적이에요!

과학자들이 치료제의 안전성과 효과에 확신하면
다른 과학자들이 결과를 다시 한 번 확인해요.
이것을 **동료 심사**라고 해요.
신약 개발 과정에서 굉장히 중요한 부분이에요.

승인 받기

일반 사람들에게 약을 쓰기 전에 마지막으로 넘어야 할 관문이 있어요. 바로 규제 기관의 승인을 받는 일이에요. 규제 기관에서 선임 과학자 그룹이 치료제를 써도 되는지 결정해요.

규제 기관에서는 결정을 내리기 전에
산더미 같은 증거를 읽어요.

약리학자는 승인이 난 뒤에도
치료제가 안전하게 쓰이고
계속 효과가 있는지 확인하기 위해
의사들의 보고서를 살펴봐요.

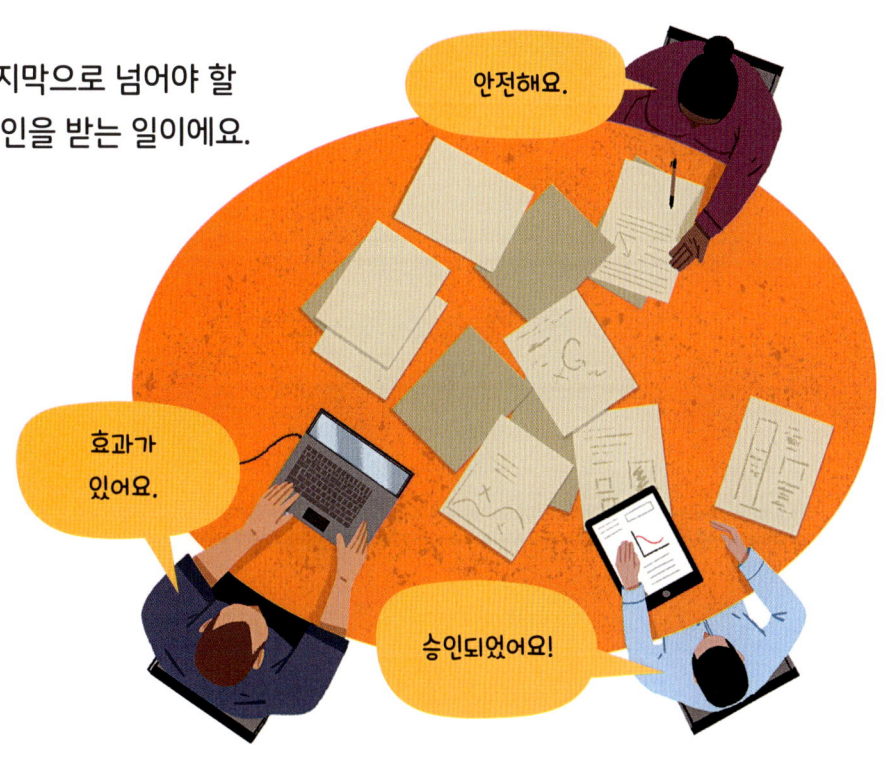

안전해요.
효과가
있어요.
승인되었어요!

사람에게 직접 시험

치료제가 사전 임상 시험에서 통과하면, 과학자들은 자원한 사람에게 약을 시험해요. 이런 테스트를 **임상 시험**이라고 해요. 임상 시험은 임상 1상, 임상 2상, 임상 3상으로 나눠서 해요. 모든 치료제는 이런 시험 과정을 거쳐요.

임상 1상에서는 건강한 지원자 소수 그룹에게 아주 적은 용량을 줘요.

과학자들은 자원한 사람들에게 피해가 생기지 않도록 주의 깊게 살펴봐요.

임상 2상에서는 과학자들이 더 많은 지원자를 받아 두 그룹으로 나눠 연구해요. 한 그룹은 백신을 받고, 다른 그룹은 **플라세보**라는 가짜 약을 받아요.

플라세보라는 가짜 약을 주는 이유는, 지원자에게 일어나는 변화가 우연이 아니라 백신 때문이라는 사실을 확인하기 위해서예요. 누가 백신을 맞았는지 알 수 없어서 과학자의 예상이 결과에 영향을 주지 않아요.

다음 장을 넘기면 더 알려 줄게요.

백신과 새로운 약의 안전 시험

과학자는 새로운 약이나 백신을 개발하면 반드시 시험을 해요.
환자에게 주기 전에 안전하고 효과적인지 꼭 확인해야 하지요.

면역학자와 **약리학자**는 백신을 시험하기 위해서 백신이 동물에게
어떤 효과를 보이는지 먼저 연구해요. 이것을 사전 **임상 시험**이라고 해요.

동물에게 끼치는 해를 줄이기 위해서 과학자들은 되도록 동물 실험을 피하고,
동물이 받는 고통을 최소화하는 방식으로 실험해야 해요.

백신 개발

가장 좋은 치료법 중 하나는 **백신**이에요. 백신은 사람들의 면역 체계에 바이러스와 싸우는 법을 가르쳐 주는 약이에요. 과학자들은 백신을 만들기 위해 함께 일해요.

면역학자는 바이러스학자로부터 바이러스에 관한 정보를 얻어요.
그런 다음 바이러스를 겨냥한 백신을 설계해요.

치료 약 개발

과학자들은 증상을 치료할 약을 개발해서 환자가 회복하도록 도와요.

질병은 바이러스에 감염되거나 몸에 어떤 이상이 생겨서 발생해요.
약리학자는 로봇을 사용해서 약을 개발해요.

과학자들은 치료에 효과적일 수 있는 화학 물질을 발견하면 그 물질로 약을 만들어요.

바이러스 상대하기

과학자들은 새로운 바이러스가 나타날 때마다
바이러스가 어떻게 활동하는지 알아내려고 서둘러요.
그래야 빠르게 치료법을 개발할 수 있어요.

세상에서 가장 치명적이고 전염성이 강한 바이러스를 연구할 때, **바이러스학자**는 안전을 위해 철저한 예방 조치를 취해요.

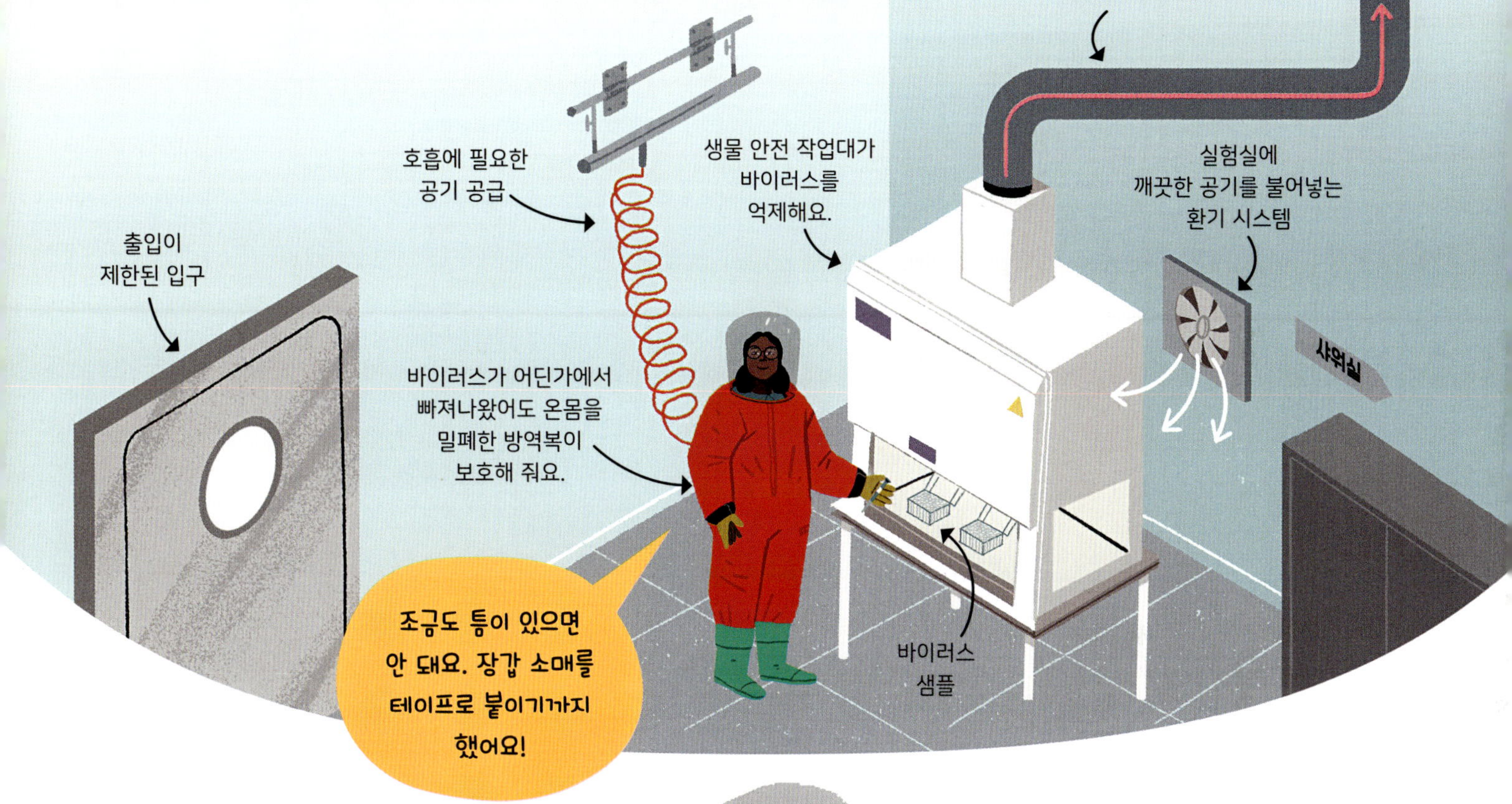

바이러스 확산 방지 대책

몇 달 만에 전 세계에 코로나19 감염자가 수백만 명으로 늘었어요.
정부는 바이러스 전문가인 전염병학자들의 조언에 의지했어요.

전염병학자들은 위기 대책 회의와 긴급 기자 회견을 통해
바이러스 확산을 줄일 수 있는 방법을 정치인과 대중에게 알려 주었어요.

바이러스학자, 미생물학자, 면역학자, 약리학자는
바이러스와 싸우기 위해 서둘러 치료법을 개발했어요.

질병을 추적하는 수사관

2019년 말, 새로운 바이러스가 나타나 코로나19라는 질병이 생겼어요.
어떤 사람은 이 병에 걸렸다가 나았지만 어떤 사람들은 심각하게 아팠어요.
병원에 환자가 몰려들자 **전염병학자들**은 코로나19 바이러스가
어떻게 퍼지고 있는지 서둘러 알아냈어요.

누가 걸린 상태일까요?

사람들을 더 많이 관찰하고 조사해야 해요.

누가 조사해야 할까요?

언제 어디서 걸렸을까요?

두 번 걸릴 수도 있을까요?

조사 결과는 얼마나 정확할까요?

어떤 증상이 나타날까요?

모두 같은 증상을 보일까요?

감염된 사람이 기침하거나 숨을 쉴 때 침방울이 나와서 퍼지는 것 같아요.

증상은 얼마나 계속될까요?

얼마나 많은 사람이 치료받아야 할까요?

많은 사람이 병원에 가지 않고 회복되었어요.

어린이는 잘 걸리지 않고 있어요.

데이터에 따르면, 사람이 많고 밀폐된 공간에서 가장 잘 퍼져요.

평균적으로 감염자 한 명이 얼마나 많은 사람에게 전염시킬까요?

전염병학자들은 감염을 관찰하고 추적했고 위와 같은 질문을 하면서
새로운 바이러스가 일으키는 위험과 바이러스와 싸우는 방법을 이해하기 시작했어요.

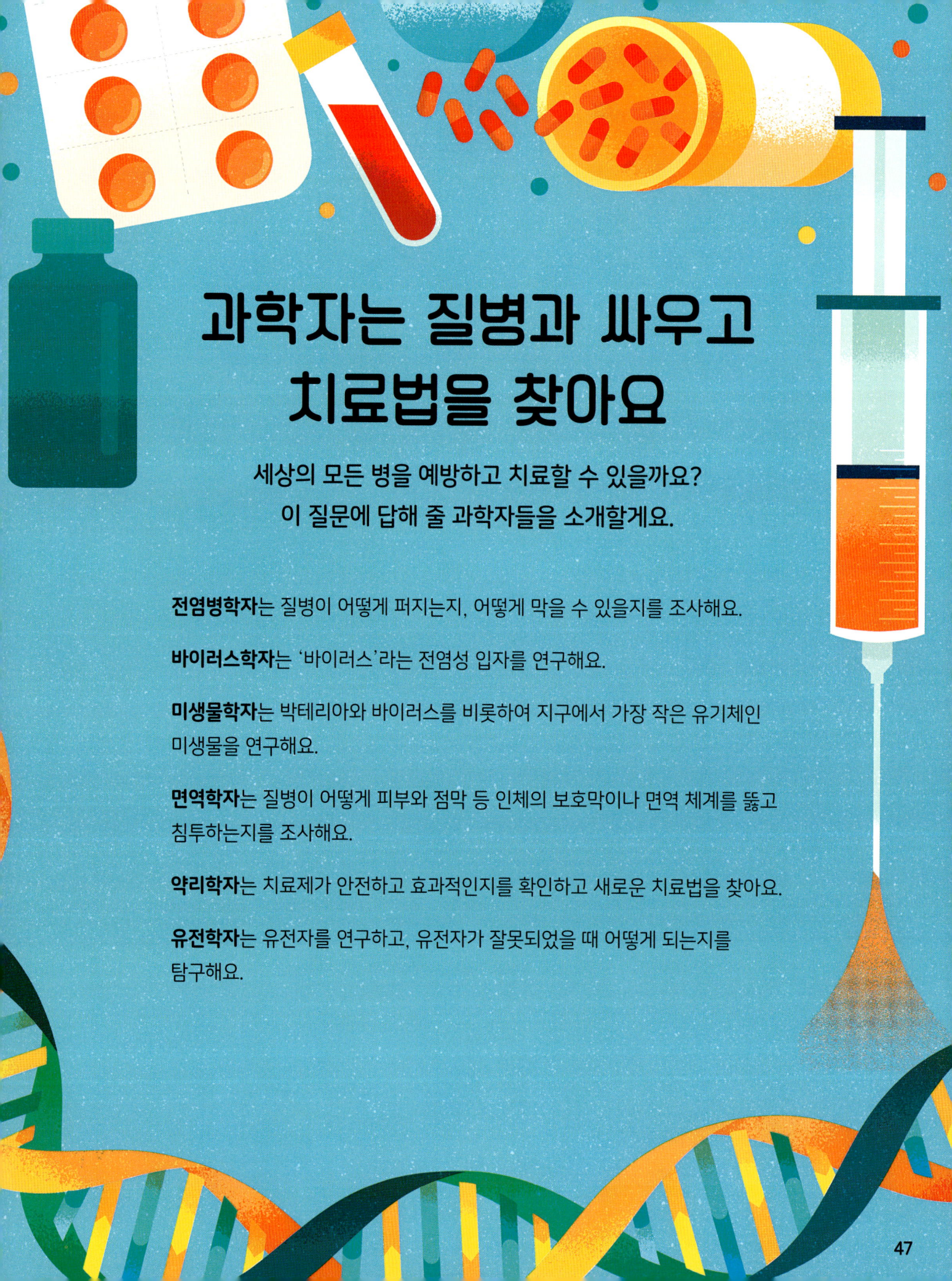

과학자는 질병과 싸우고 치료법을 찾아요

세상의 모든 병을 예방하고 치료할 수 있을까요?
이 질문에 답해 줄 과학자들을 소개할게요.

전염병학자는 질병이 어떻게 퍼지는지, 어떻게 막을 수 있을지를 조사해요.

바이러스학자는 '바이러스'라는 전염성 입자를 연구해요.

미생물학자는 박테리아와 바이러스를 비롯하여 지구에서 가장 작은 유기체인 미생물을 연구해요.

면역학자는 질병이 어떻게 피부와 점막 등 인체의 보호막이나 면역 체계를 뚫고 침투하는지를 조사해요.

약리학자는 치료제가 안전하고 효과적인지를 확인하고 새로운 치료법을 찾아요.

유전학자는 유전자를 연구하고, 유전자가 잘못되었을 때 어떻게 되는지를 탐구해요.

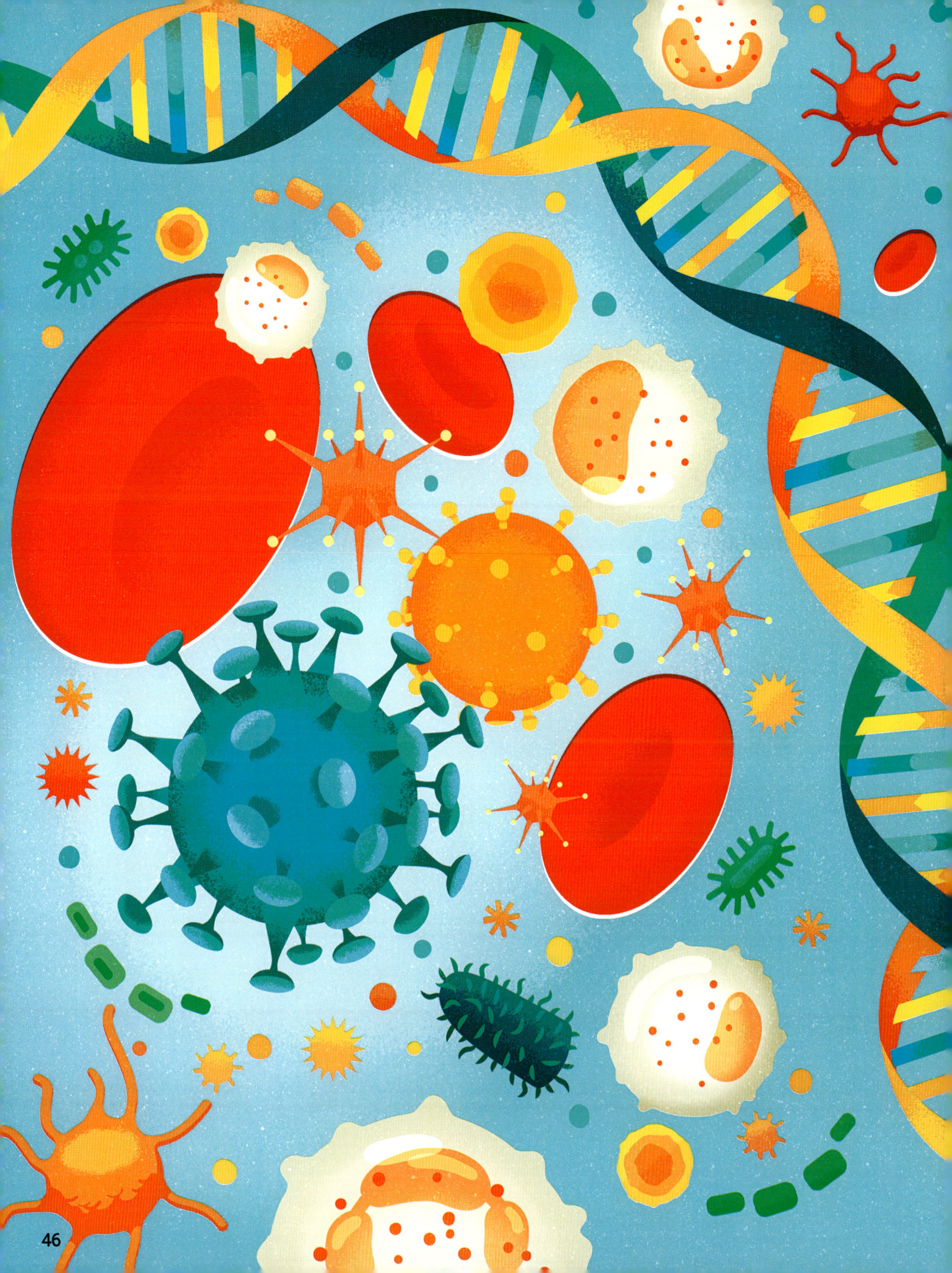

화성 탐사 계획

아직 사람이 화성에 발을 들여놓지는 못했어요.
하지만 과학자들은 과학자 대신 첨단 **화성 탐사 로버**(화성 탐사선)를 화성에 보냈어요.

미국 항공 우주국(NASA)의 화성 탐사 로버 **퍼서비어런스**가 화성에서 지구로 전송하는 정보를 많은 과학자들이 연구해요.

탐사차에 탑재된 과학 실험 장비는 이산화탄소를 산소로 바꿔 줘요. 산소는 먼 훗날 화성에 방문할 인간에게 꼭 필요한 자원이에요.

침식된 바위

우주 생물학자는 탐사차의 카메라를 통해 화성에 생명체의 흔적이 있는지 관찰해요.

센서들이 풍속부터 방사선 수치까지 화성의 모든 것을 측정해요.

삐삐빅

지이잉

저기 바위에 새겨진 침식 흔적을 보세요. 저건 물의 흔적이에요. 물이 있다면 생명체가 살았을지도 몰라요!

레이저는 암석의 다양한 화학물질을 감지해요.

레이더가 다양한 암석 층을 감지해요.

행성 지질학자는 레이더와 레이저의 감지 결과를 연구해서 화성을 구성하는 암석이 무엇인지 알아내요.

화성   지구
바위로 된 지각
내핵

화성의 구조는 지구의 구조와 아주 비슷한 면이 있어요.

생의학자는 화성이 인간에게 얼마나 안전한지 알아보려고 방사선 측정값을 연구해요.

최고값

화성의 방사선

9/10 9/11 9/12 9/13 9/14 9/15
날짜

위험할 만큼 방사선이 치솟네요.

45

미지의 세계로 도전!

우주에서 가장 멀고 흥미로운 부분을 관찰하기 위해 **천문학자들은** 우주로 망원경을 보내요.

허블 우주 망원경은 1990년부터 지구 위에 있는 궤도를 돌고 있어요. 천문학자들은 허블 우주 망원경이 보낸 사진들을 보며 가장 오래되고 가장 멀리 있는 별들을 알아 가요.

우주 망원경은 지구 대기를 거치지 않기 때문에 사진이 굉장히 또렷해요.

은하 병합(둘 이상의 은하가 충돌하는 현상)

나선 은하

2021년에 천문학자들은 **제임스 웹 우주 망원경을** 우주로 쏘아 올렸어요. 이전보다 우주를 멀리까지 볼 수 있게 설계된 망원경이지요.

천문학자들은 제임스 웹 우주 망원경으로 130억 년 전에 생긴 최초의 은하 흔적을 찾아요.

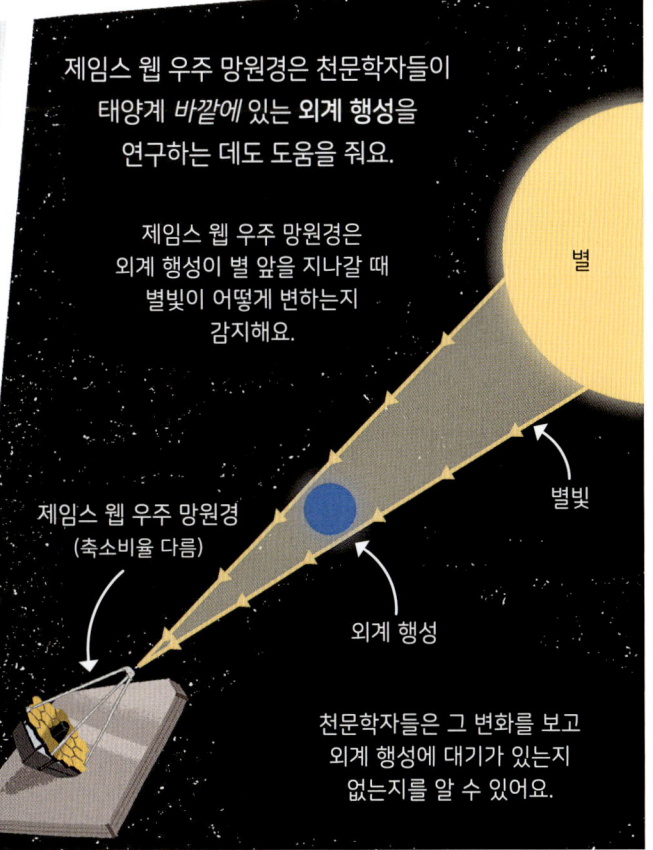

제임스 웹 우주 망원경은 천문학자들이 태양계 *바깥에* 있는 **외계 행성을** 연구하는 데도 도움을 줘요.

제임스 웹 우주 망원경은 외계 행성이 별 앞을 지나갈 때 별빛이 어떻게 변하는지 감지해요.

제임스 웹 우주 망원경 (축소비율 다름)

별

별빛

외계 행성

천문학자들은 그 변화를 보고 외계 행성에 대기가 있는지 없는지를 알 수 있어요.

그 밖의 기술 개발

우주에서 사용하려고 개발한 기술이 지구에서
유용하게 사용되기도 해요.

생의학자들은 국제 우주 정거장에서 우주 비행사들이 들고 다니며 쓸 수 있는
작은 스캐너를 개발했어요. 우주 비행사들은 이 스캐너로 지구에 있는
의사의 도움을 받아 질병을 진단할 수 있어요.

이 기술은 이제 지구에서도 쓰여요. 스캐너 덕분에
먼 곳에 있는 의사들이 전 세계 의사들과 소통하고 있어요.

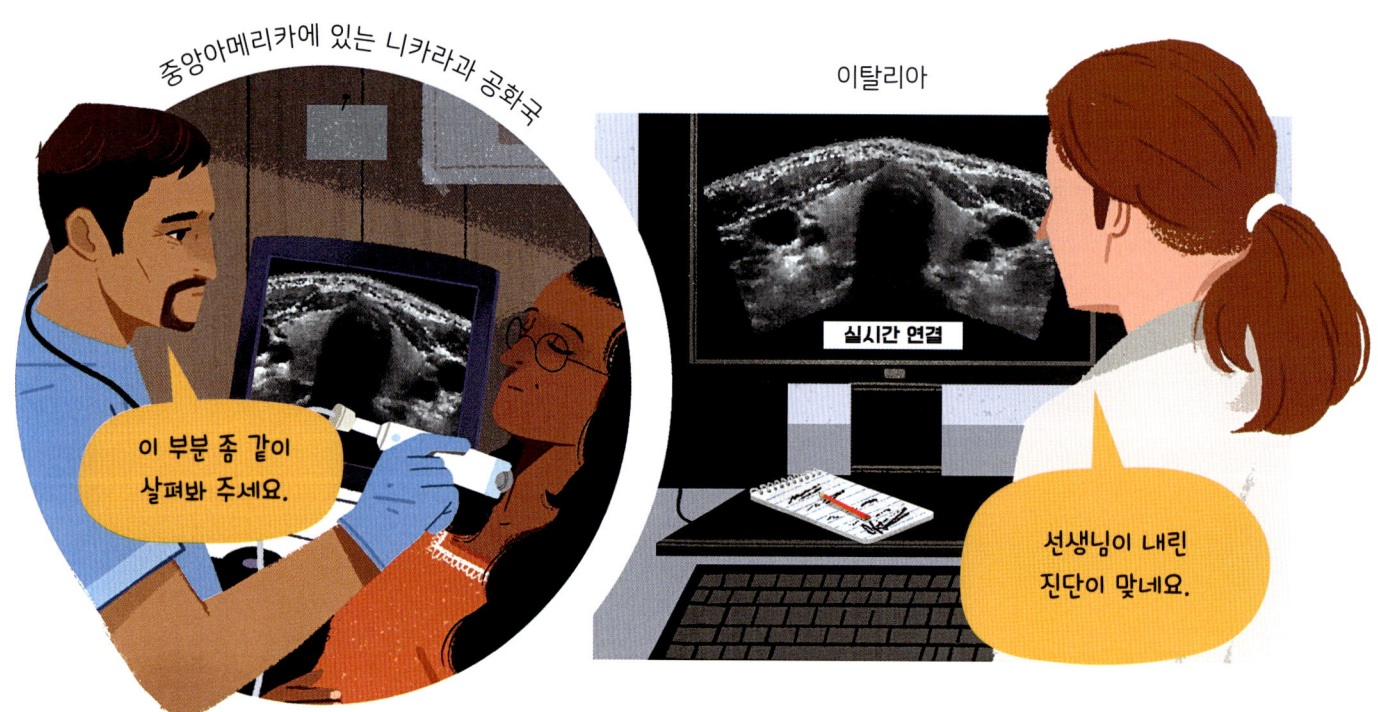

지구를 위한 우주 과학

우주에서 한 실험이 지구에 있는 우리와는 상관없다고 생각하나요?
생의학자들은 우주에서 연구한 여러 가지 결과를
지구에 사는 사람들에게도 적용해 도움을 주고 있어요.

젊고 건강한 우주 비행사들이 우주에서 경험하는 많은 변화는 지구에서 사람들이 나이 들면서 겪는 변화와 비슷해요.

뼈와 근육이 점점 약해지는 것 같아. 시력도 분명 나빠지고 있어.

꼭 우리 할아버지처럼 말씀하시네요!

생의학자는 이러한 변화를 줄이기 위해 우주 비행사들을 위한 치료 계획을 마련했어요.

그리고 잊지 말고 비타민 드세요.

계속하세요! 오늘은 두 시간 동안 운동하셔야 해요.

약과 보충제

영양제

러닝머신

우주 비행사에게 효과가 있는 치료 방법은 생의학자들이 지구에 있는 사람에게도 시도해요.

이런 운동을 하시고 영양 계획을 이렇게 따라 보세요. 같은 증상으로 우주 비행사들이 시험해 본 거예요.

우주에서 하는 식물 연구

국제 우주 정거장에 있는 모든 음식은 지구에서 보내야 해요.
우주 비행사들이 아주 오랫동안 우주를 여행하려면 음식을 만들 신선한 재료가 필요해요.
그래서 **우주 식물학자**는 국제 우주 정거장에 식물을 보내서
어떻게 하면 잘 키울 수 있을지 실험해요.

일단 식물이 자라나면, 우주 비행사는 지구로 돌아가는 보급선에 식물을 실어 보내요.

"푸른 잎을 보니 정말 좋아!"

마침내 식물 표본이 지구에 도착하면, 우주 식물학자는 식물이 제대로 자랐는지 살펴보며 연구해요.

"잎이 건강해 보여요."

"진짜 건강한지 시험해 봅시다."

우주로 발사!

우주 비행사들과 장비들을 우주에 무사히 보내려면
수학자들은 몇 가지 굉장히 복잡한 계산을 풀어야 해요.

1960년대에 선구적인 수학자 캐서린 존슨은
미국 항공 우주국(NASA)에서
인간 우주 비행에 필요한 비행경로를 계산했어요.

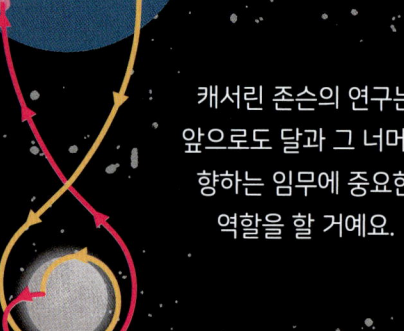

지구

● 이륙 장소
● 착륙 장소

1969년, 캐서린 존슨이 계산한 비행경로 덕분에 최초로 달 착륙에 성공했어요.

캐서린 존슨의 연구는 앞으로도 달과 그 너머로 향하는 임무에 중요한 역할을 할 거예요.

달
(축소비율 다름)

국제 우주 정거장의 과학자들

우주 비행사는 국제 우주 정거장(ISS)이라는 우주 실험실에서 일해요.
국제 우주 정거장은 지구로부터 수백 킬로미터 올라간 곳에서 궤도를 돌고 있어요.
생의학자는 우주 환경이 인간에게 어떤 영향을 끼치는지 알아보기 위해
국제 우주 정거장에 사는 우주 비행사들을 연구해요.

우주 비행사는 이곳에서 몇 달씩 머물러요. 여러 실험을 하고 우주 정거장을 수리하기도 하지요.

우리도 관찰할 대상이고요!

경치가 멋져요!

방문 보급선
로봇 팔
관측 창
실험 모듈
수면 모듈
태양 전지판

우주 비행사들은 우주에서도 정기적으로 건강 검진을 받아요.

피 검사

우주 비행사들이 지구로 돌아오면 생의학자들은 우주의 환경이 인간 몸에 어떤 영향을 끼치는지 알아내기 위해 연구해요.

흥미롭군. 우주에 있으면 우주 비행사의 백혈구가 손상되는 것 같아.

백혈구

그러면 우주 비행사들은

운석으로 알아낸 우주 정보

운석은 태양이 형성될 때 주변 행성들과 함께 남겨진 우주 암석 덩어리예요. 어떤 운석은 지구로 떨어져서 **우주 화학자**에게 우주에 관한 가설을 뒷받침하는 귀중한 단서를 주지요.

우주 화학자들은 실험실로 운석을 가져가서 운석의 나이와 운석에 어떤 물질이 들었는지를 알아봐요.

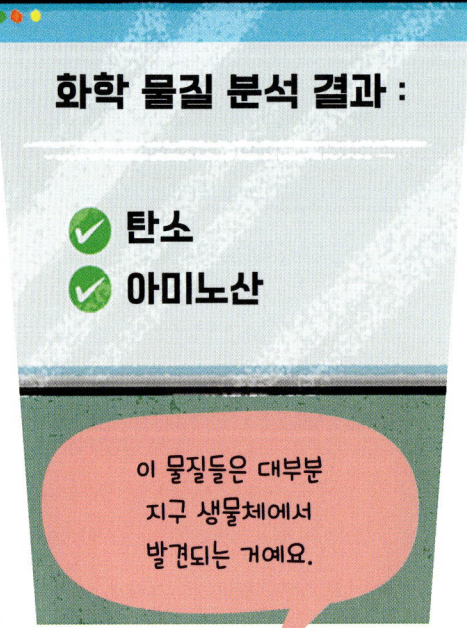

별들의 탄생 연구

별들은 대부분 약 100억 년 전, '우주의 정오'라고 부르는 시기에 형성되었어요. 천문학자들은 성능이 뛰어난 망원경으로 이 시기에 태어난 은하(우주에 있는 별의 무리)를 관찰해요.

남아프리카 공화국에 있는 **미어캣 전파 망원경**은 거대한 안테나 64개로 이루어져 있어요. 이 안테나들은 우주에서 오는 전파를 감지해요. 전파는 우주에서 지구까지 다다르는 데 수십억 년이 걸려요. 그래서 전파 망원경을 사용하는 건 과거를 되돌아보는 것과 같아요.

안테나에서 나오는 신호는 컴퓨터로 전해지고, 컴퓨터는 이 정보를 이미지로 바꾸어요.

천문학자는 이미지들을 보며 이 기간에 얼마나 많은 별이 생겨났는지 연구해요.

이 점들은 아주 오래전에 탄생한 별들이 형성한 은하예요.

별마다 태어난 시기가 다르니까 우리는 수천 개의 은하를 보고 있는 거예요!

과학자는 우주를 탐험해요

외계 행성이 진짜 있는지, 우주에서 사람이 정말 살 수 있을지 궁금해한 적 있나요? 이러한 사실을 밝혀내기 위해 연구하는 과학자들을 소개할게요.

천문학자(때로는 **천체 물리학자**라고 불러요)는 행성과 별, 은하에 이르기까지 우주의 모든 것을 연구해요.

우주 화학자는 우주를 구성하는 화학 물질을 연구해요.

우주 생물학자는 다른 행성에서 생명 활동이 어떻게 이루어지는지를 탐구해요.

행성 지질학자는 다른 행성에서 발견한 암석을 관찰해요.

생의학자는 인체를 연구하고, 우주를 비롯한 다른 환경에서 인체가 어떻게 적응하는지를 탐구해요.

우주 식물학자는 우주 정거장에서 식물을 키우는 방법을 연구해요.

수학자는 우주선이 이동하기 가장 좋은 경로를 계산하는 방법 등 까다로운 문제를 해결해요.

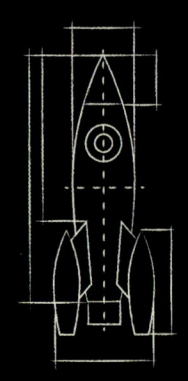
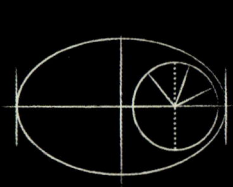

고생물학자는 연구실로 돌아가서 발굴해 온 것을 꼼꼼하게 연구해요.

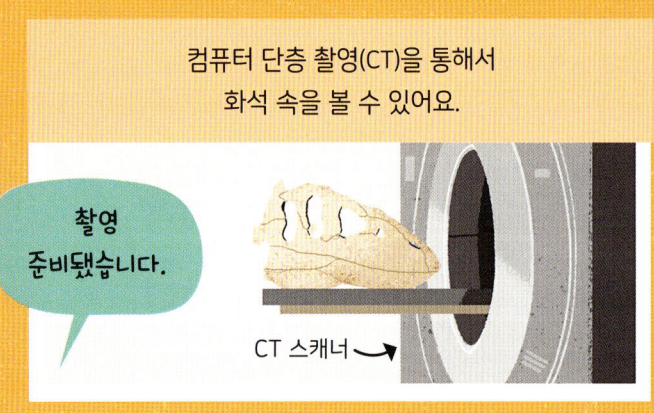

공룡 멸종설

공룡은 약 6600만 년 전에 멸종했어요. 그 광경을 본 사람은 아무도 없지만 **지질학자 월터 앨버레즈**와 그의 아버지 **루이스 앨버레즈(물리학자)**는 공룡이 멸종한 이유를 알아냈어요.

월터와 루이스는 진흙층을 분석했어요. 그 층에는 대개 운석에서 발견되는 물질인 **이리듐**이 엄청나게 많이 들어 있었어요.

두 사람은 거대한 운석이 지구에 떨어져 공룡들이 멸종했다고 결론지었어요.

훗날 과학자들이 멕시코 해안에서 운석이 추락해 생긴 거대한 분화구를 발견했어요.

고대 화석 발견

공룡이 살던 시대에 지구는 어떤 모습이었을까요?
이런 궁금증에 답을 찾는 **고생물학자**는 꼭 탐정 같아요.
화석을 연구하며 고대 생명체에 관한 단서를 찾아 나서거든요.

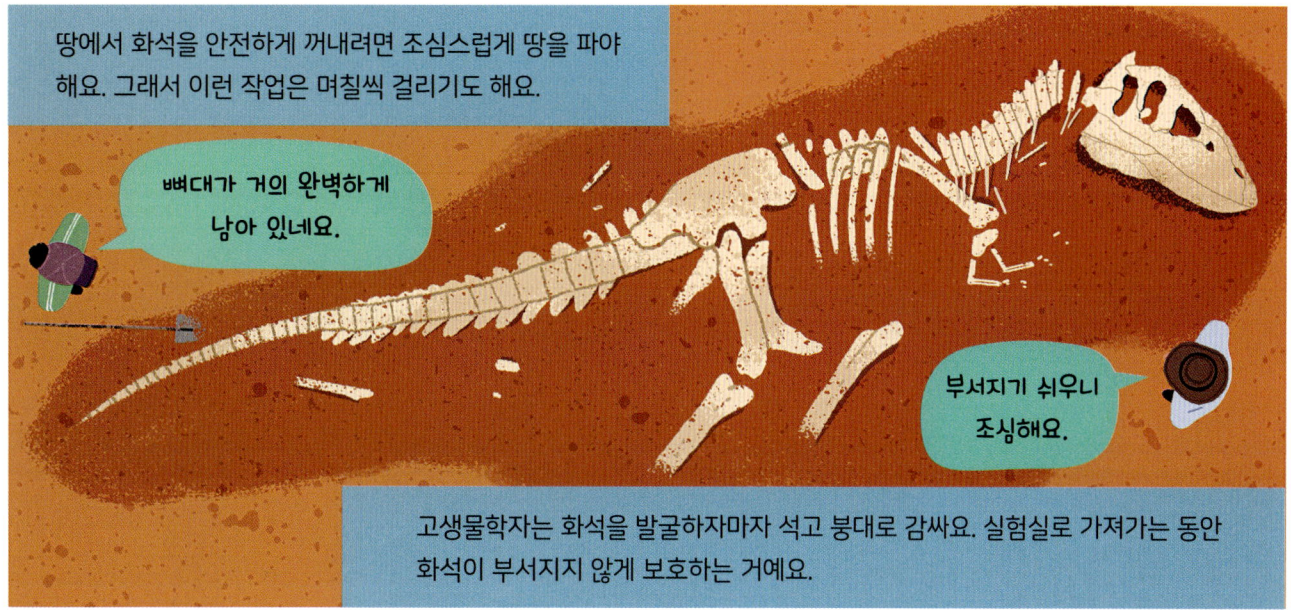

해저 탐사

달과 화성의 표면에 관한 정보보다 바다 밑바닥에 관한 정보가 더 적다는 사실을 알고 있나요?
그래서 해양학자가 해저 지도를 만드는 임무를 맡고 있지요.

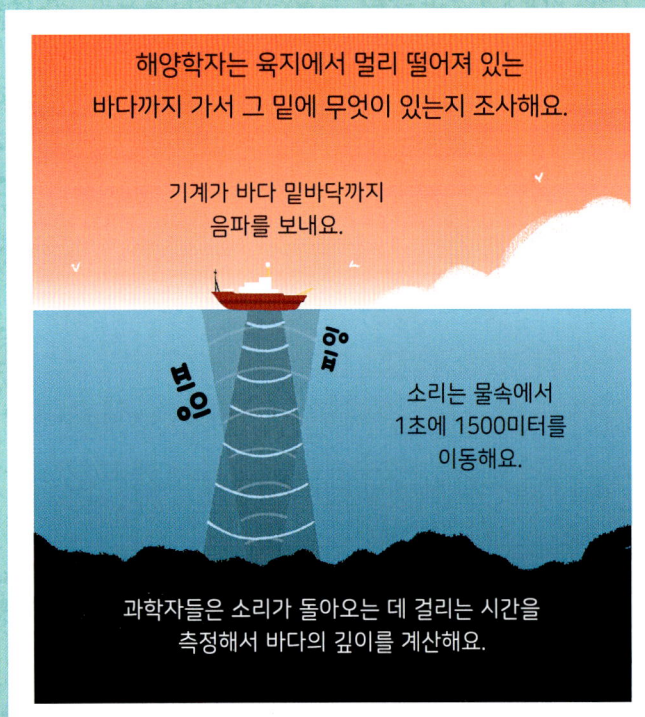

해양학자는 육지에서 멀리 떨어져 있는 바다까지 가서 그 밑에 무엇이 있는지 조사해요.

기계가 바다 밑바닥까지 음파를 보내요.

소리는 물속에서 1초에 1500미터를 이동해요.

과학자들은 소리가 돌아오는 데 걸리는 시간을 측정해서 바다의 깊이를 계산해요.

때로는 어부가 고기잡이배를 타는 동안 해양학자를 대신해 조사하기도 해요. 이렇게 과학자가 아닌 일반 사람들을 참여시켜 정보를 얻는 것을 **크라우드소싱**이라고 해요.

그러니까 우리도 과학자인 셈이죠.

컴퓨터는 이렇게 측정한 값을 이용해 바다 밑바닥을 나타낸 상세한 지도를 만들어요. 이런 지도를 **수심도**라고 해요. 해양학자는 이 지도들을 연구해서 해저 모양이 바다 생물과 해류에 어떤 영향을 끼치는지 알 수 있어요.

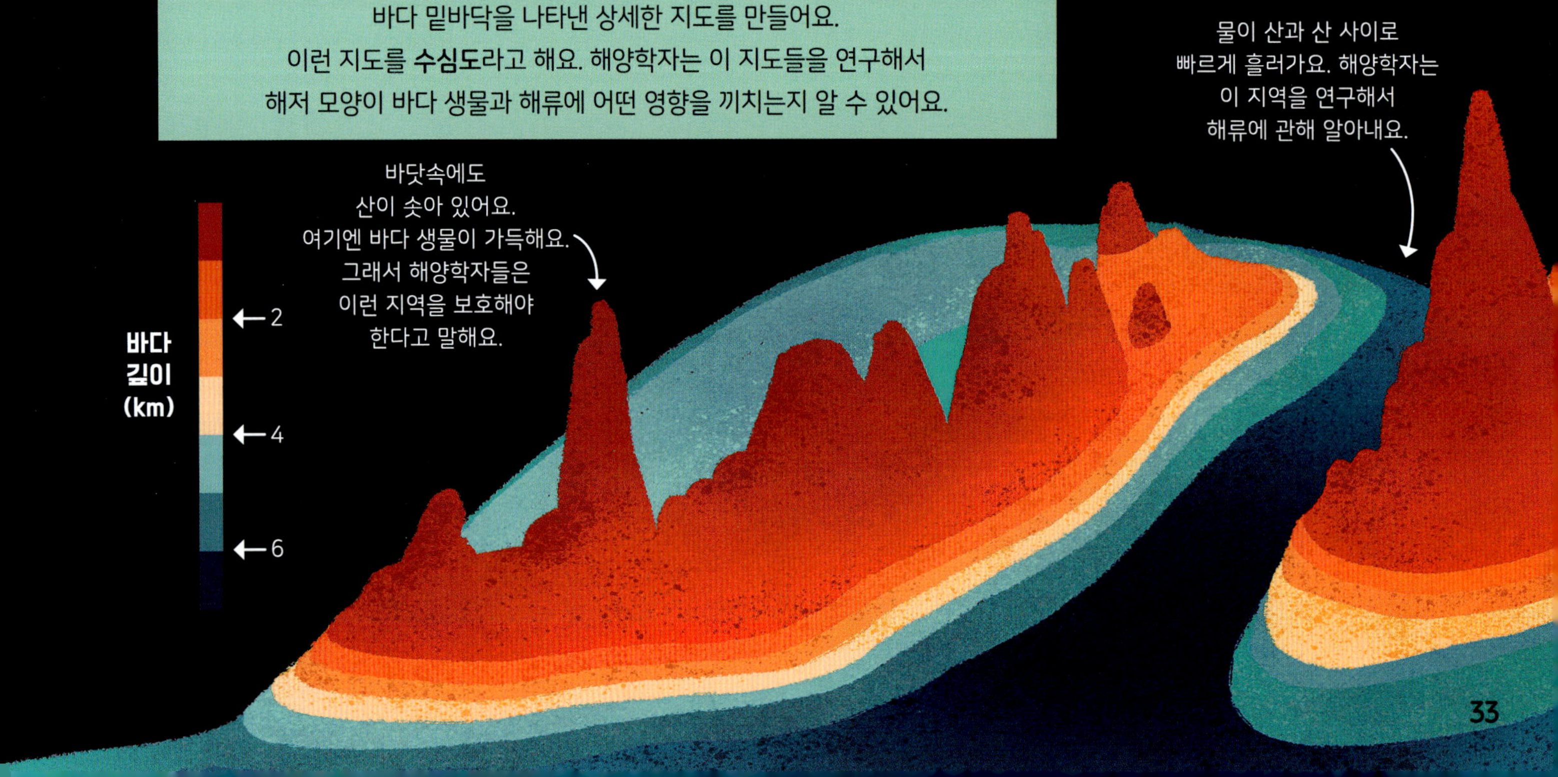

물이 산과 산 사이로 빠르게 흘러가요. 해양학자는 이 지역을 연구해서 해류에 관해 알아내요.

바닷속에도 산이 솟아 있어요. 여기엔 바다 생물이 가득해요. 그래서 해양학자들은 이런 지역을 보호해야 한다고 말해요.

바다 길이 (km)
← 2
← 4
← 6

바다의 흐름 조사

지구는 표면의 70퍼센트가 바다로 뒤덮여 있어요.
만약 여러분이 **해양학자**라면 지구를 구성하는 바다에 관해 연구하고,
바다가 어떻게 흐르는지 살펴볼 거예요.

아프리카 남쪽 끝에서
해양학자들이 바다의 흐름을 살피려고
센서를 줄에 달아 내려 보낼 준비를 하고 있어요.

준비됐나요?
첫 번째 줄을
내립시다.

첨벙
첨벙

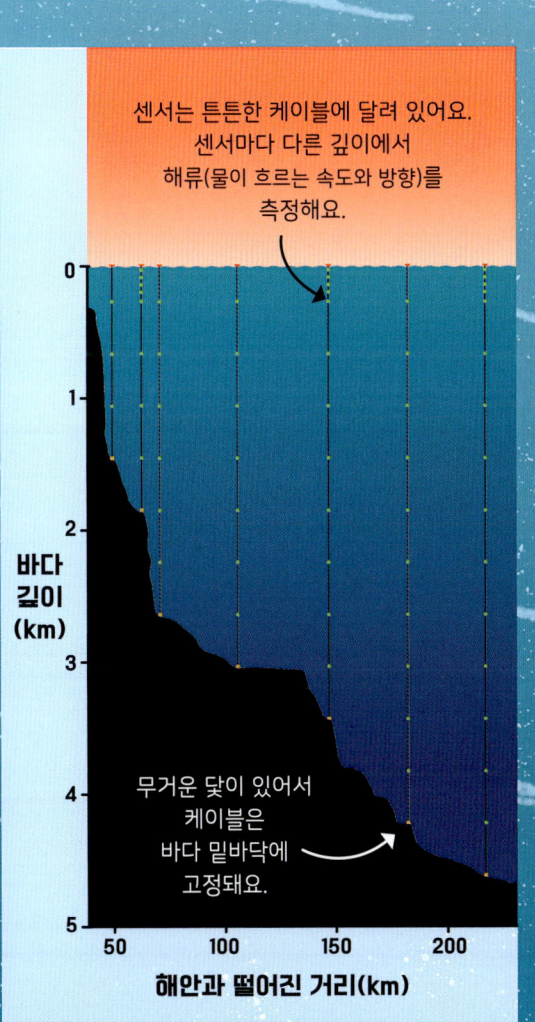

센서는 튼튼한 케이블에 달려 있어요.
센서마다 다른 깊이에서
해류(물이 흐르는 속도와 방향)를
측정해요.

무거운 닻이 있어서
케이블은
바다 밑바닥에
고정돼요.

바다 깊이 (km)

해안과 떨어진 거리(km)

해양학자는 그 결과를 보고
인도양의 따뜻한 물이 차가운 대서양으로 이동하면서
해류가 순환한다는 걸 알 수 있어요.

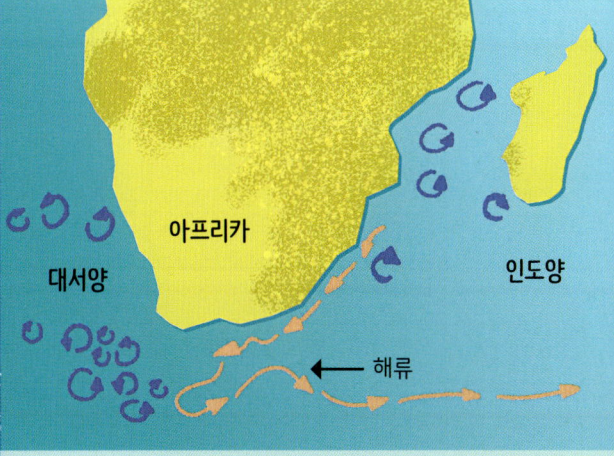

대서양　아프리카　인도양　해류

바다마다 태양열을 흡수하는 양이 달라요.
해류가 이동하면서 이 열을 지구 곳곳으로 운반해
지구의 대기, 날씨, 기후에 큰 영향을 끼쳐요.

대기 변화 추적

발전소와 자동차에서 나오는 배기가스, 가축들이 내뱉는 트림 등 사람들이 발전시킨 산업들은 대기에 엄청난 영향을 끼쳤어요. 그 정도가 얼마나 심각한지는 **대기 화학자**가 파악해요.

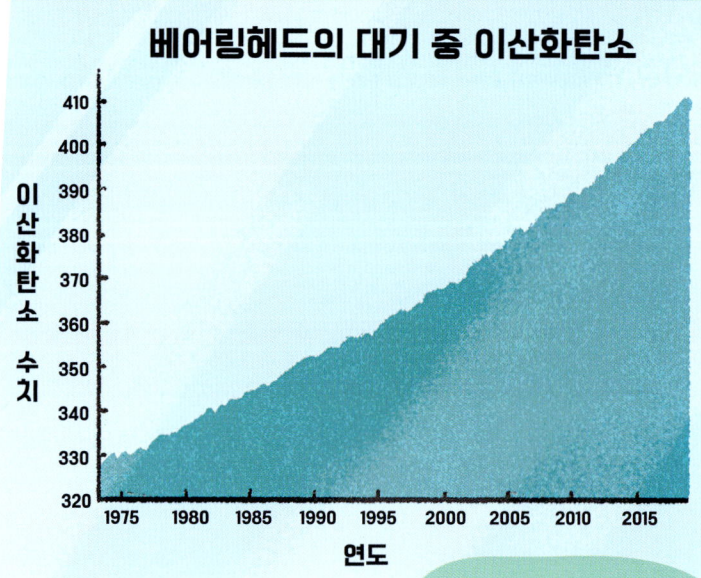

날씨 예측

지구를 감싸고 있는 공기층인 '대기층'이 없다면 지구에 생명체는 없을 거예요. 대기층은 지구의 온도를 따뜻하게 유지해 주고, 매우 강한 태양 광선으로부터 생명체를 보호하고, 생명체가 숨 쉴 수 있는 공기를 만들거든요. 대기층에서는 비, 구름, 바람 등 기상 현상이 일어나요.

기상학자는 기상 관측 풍선을 띄워서 대기에 관한 정보를 모아요.

전 세계 기상학자들은 날마다 기상 관측 풍선을 수백 개씩 띄워요.

아아아샤

높이높이 올라가라!

풍선에 붙인 센서들은 온도에서 풍속까지 모든 것을 기록해요. 기록은 송신기를 통해 연구소에 있는 컴퓨터로 전송돼요.

빠앙 팟

풍선은 몇 킬로미터 위로 올라간 다음에 빵 터져요. 센서는 낙하산 덕분에 땅으로 안전하게 내려와요.

폭풍우가 일고 있어요!

동쪽으로 향하는군요.

기상학자는 기상 관측 풍선 외에도 여러 센서에서 얻은 기록을 성능이 뛰어난 슈퍼컴퓨터에 저장해 일기도를 만들어요.

그런 다음, 일기도로 날씨를 예측해요.

화산 폭발 감지

전 세계에는 큰 폭발 위험을 가진 화산이 많아요.
수억 명의 사람들이 언젠가 폭발할지도 모르는 화산 근처에서 살고 있지요.
그래서 **화산학자들이** 24시간 내내 화산을 감시해요.

화산학자들이 필리핀에 있는 한 화산에서 위험한 낌새를 감지했어요.

화산에서 녹은 암석들이 움직여서 생기는 지진도 경고 신호 중 하나예요.

녹은 암석이 증가하는 게 센서에 감지되었어요.

저 연기를 보세요!

이런, 진동이 많이 감지되었어요.

화산에서 나오는 가스의 양이나 종류가 변하면 화산이 곧 폭발할 수도 있다는 뜻이에요.

하지만 화산학자들은 위험에 대비하려고 노력해요. 화산 폭발로 위험한 곳을 표시한 해저드맵(화산 재해 예측도)을 만들기도 해요.

가스 센서가 달린 드론

화산 지대 위험 수위
- 매우 높음
- 보통
- 낮음

화산 분화구에서 이산화황이 많이 나오네!

곧 폭발하겠어요.

위험 수위가 매우 높은 지역에 대피 경보를 내려요!

29

지진과 화산 연구

해마다 일어나는 지진의 수는 사람들이 잘 느끼지 못하는 아주 약한 지진까지 모두 합치면 백만 번이 넘어요. 그중에서 큰 지진이 일어날 위험이 있는 곳은 **지진학자**들이 주의 깊게 살피고 있어요.

하와이에서 지진학자들이 지진 장비들을 지켜보며 **쓰나미**가 발생할 낌새가 있는지 잘 살펴봐요. 쓰나미는 강력한 해저 지진으로 생긴 높은 파도가 육지로 밀려드는 파괴적인 해일이에요.

마지막에 지질학자들은 각자 관찰한 것들을 모두 합해서
상세한 **지질도**를 만들어요.

암석 표시
- 기반암 (걸류 아래 있는 단단한 지각 부분)
- 풍화암 (자연의 영향으로 강도가 약해진 암석)
- 자갈과 모래의 퇴적물
- 바위와 지괴 (커다란 땅덩이)

체인군산맥
에이번호수

가파른 자갈 비탈면은 산사태가 날 위험이 있어요.

지질학자들은 지질도의 도움을 받아서
산사태나 홍수, 지진 같은 자연재해를 예측하고 광물과 화석 연료 등을 찾아요.

대륙 이동 발견

지질학자들은 지구가 수백만 년에 걸쳐
엄청난 변화를 겪었다는 걸 알아냈어요.

1900년대 초, 대륙들의 모양을 살펴보던
지질학자 **알프레트 베게너**는
대륙들이 한때 커다란 퍼즐처럼
맞물려 있었다는 걸 알아냈어요.

유라시아 (유럽과 아시아)
북아메리카
아프리카
남아메리카
인도
오스트레일리아
남극

화석 위치
알프레트 베게너는 따로 떨어진 대륙에서
똑같은 화석들을 발견했어요.
대륙이 합쳐져 있었다는 사실을
증명한 거예요.

그 뒤로 지질학자들은 알프레트 베게너의 설명을 발전시켰어요. 지구 표면은 '판'이라고 하는
커다란 땅덩어리로 이루어져 있고, 세월이 흐를수록 판들이 서서히 움직였다는 사실을 밝혀냈지요.

27

암석 연구

바위로 이루어진 산과 비바람에 거칠게 깎인 협곡부터 모래사막과 끝없는 평야까지, 지구가 무엇으로 구성되어 있는지 정확히 알아내는 것이 **지질학자**의 일이에요.

스코틀랜드에 위치한 산에서 지질학자들이 다양한 바위들의 정보를 모으고 있어요.

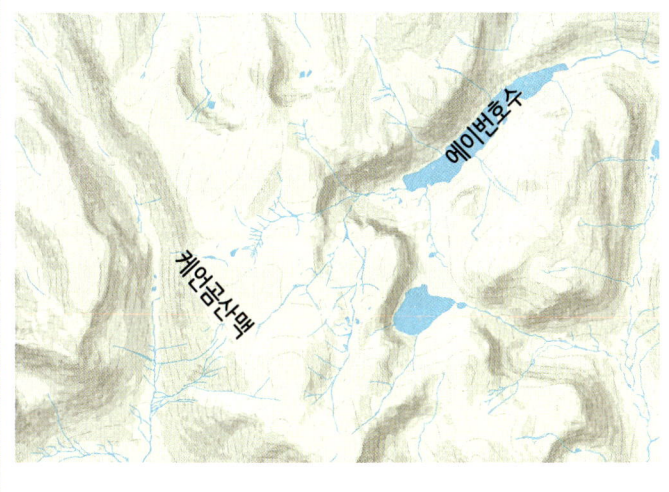

지질학자는 지도와 항공 사진으로 한 지역을 전체적으로 살펴 봐요.

카메라가 달린 드론

찰칵

자, 이 비탈의 각도를 재 봅시다.

여기는 땅이 별로 단단하지 않은 것 같아요.

땅을 파 보니 겉흙 아래 있는 지각 부분은 화강암이었어요.

일부는 모래가 뭉쳐서 생긴 사암인 것 같아요. 여기로 오는 길에 거칠고 오톨도톨한 바위들을 봤어요.

어이쿠! 이 암석 표본들 정말 무겁네.

과학자는 지구 곳곳을 알아 가요

지구의 깊은 곳은 어떤 모습일까요?
지구 곳곳을 탐구하는 과학자들을 소개할게요.

지질학자는 지구를 구성하는 암석, 흙, 물질을 탐구해요.

지진학자는 지구 곳곳에서 일어나는 지진을 연구해요.

화산학자는 육지와 해저의 화산을 조사해요.

기상학자는 지구의 날씨를 연구해요.

대기 화학자는 지구를 층층이 둘러싼 기체인 대기의 구성물을 주의 깊게 지켜봐요.

해양학자는 해류, 조류, 파도 등 해양에서 일어나는 여러 현상을 관찰해요.

고생물학자는 고대 동식물이 암석에 남긴 흔적인 화석을 연구해요.

우주의 미래 예측하기

오늘날 우주론자 대부분은 우주가 빅뱅에서 시작했다는 것에 동의해요. 하지만 우주가 어떻게 끝날지에 대해서는 누구도 확신하지 못하고 있어요.

우주론자들은 우주가 어떻게 끝날지 예측하기 위해 전 세계 대학에서 새로운 생각을 발표하고 그 시기를 계산하기 바빠요.

내 생각에는 우주가 계속 팽창할 것 같아요. 공간은 더욱 텅 비고 점점 더 추워질 거예요. 이런 가설을 열죽음(빅프리즈)이라고 해요.

내 계산에 따르면, 우주는 팽창을 멈추고 다시 쪼그라들 거예요. 이런 가설을 대붕괴(빅크런치)라고 해요.

이론적으로 만약 팽창 속도가 더욱 빨라진다면 우주는 찢어질 수 있어요. 이런 가설을 대파열(빅립)이라고 해요.

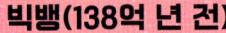

빅뱅(138억 년 전)

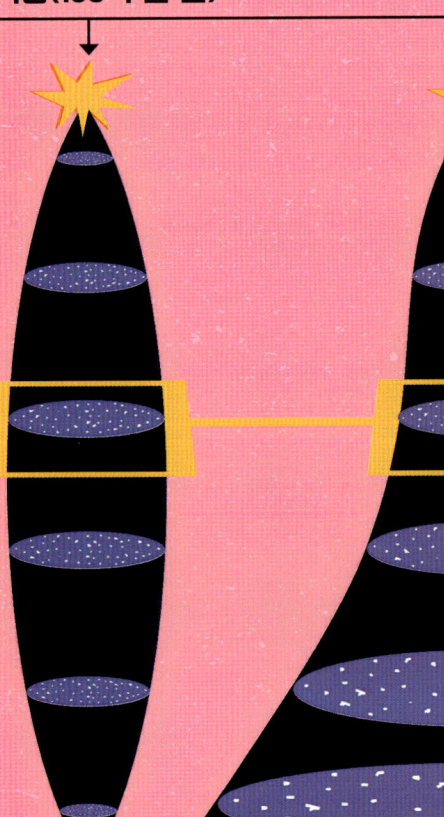

열죽음(빅프리즈)   대붕괴(빅크런치)   대파열(빅립)

현재로서는 누구의 이론이 옳은지 알 수 없어요. 그래서 논쟁이 계속되고 있지요. 만약 우주의 미스터리를 좋아한다면, 여러분이 나중에 우주론자가 되어 답을 알아내는 데 도움을 주면 어떨까요?

우주의 시작 밝혀내기

우주는 모든 시간과 공간을 뜻해요. 거대한 우주는 무엇이 어떻게 되어 만들어진 걸까요? **천문학자**와 **우주론자** 덕분에 우리는 훌륭한 가설과 이론을 얻게 되었어요.

1920년대에 천문학자 에드윈 허블은 '은하'라고 하는 별들의 무리에 관해 깜짝 놀랄 발견을 했어요.

과학자들은 이 전자기파를 '우주 배경 복사'라고 불러요. 이는 우주가 빅뱅으로 시작되었다는 우주론자의 이론에 뚜렷한 증거가 되어 주었어요. 하지만 아직 미스터리가 남아 있지요.

원소 발견

우주의 모든 것은 원자로 이루어져 있어요. 원자의 종류는 **원소**로 나타내며, 몇몇 원소들은 세상이 시작되었을 때 만들어졌어요. 원소 대부분은 자연 속에 존재하지만 어떤 원소는 **핵물리학자**가 실험실에서 만들어 냈어요.

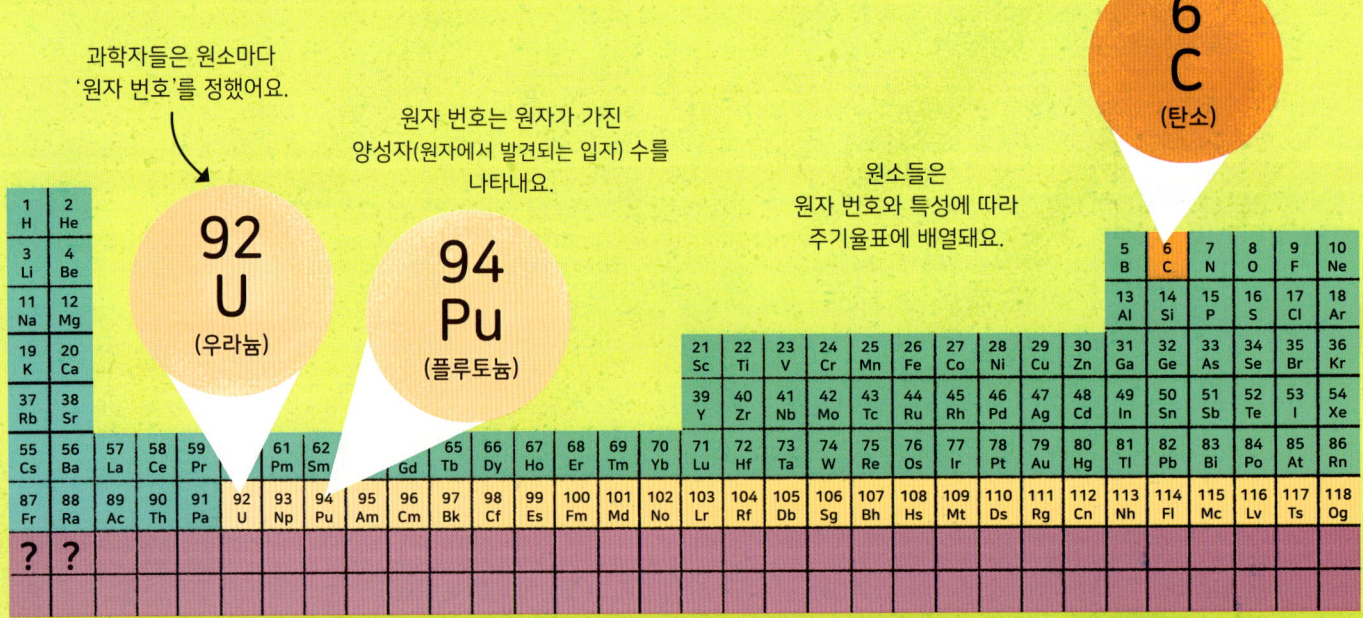

과학자들은 원소마다 '원자 번호'를 정했어요.

원자 번호는 원자가 가진 양성자(원자에서 발견되는 입자) 수를 나타내요.

원소들은 원자 번호와 특성에 따라 주기율표에 배열돼요.

우라늄(92) 이후의 모든 원소는 실험실에서 만들어졌어요.

어떤 원소들은 아주 유용해요. 예를 들어, 플루토늄(94)은 우주선에 동력을 공급할 수 있어요.

과학자들이 얼마나 많은 원소를 더 발견할지는 아무도 몰라요.

유리 오가네시안이 이끄는 핵물리학자 팀이 모스크바의 어느 실험실에서 몇 가지 새로운 원소를 만들었어요. 그러기 위해서 한 원자를 다른 원자에 엄청나게 빠른 속도로 충돌시켜야 했어요.

캘리포늄 원자

새로운 원소를 발견한다고 해도 존재하는 시간이 무척 짧아요. 하지만 핵물리학자는 이 순간을 놓치지 않고 새로운 원소에 대해 알아내려고 노력해요.

새로운 원소

원자들은 충돌할 때 서로 융합되면서 새로운 원소를 만들어요.

이 새로운 원소는 원자 하나에 양성자가 118개가 있고, 유리 오가네시안의 이름을 따서 **오가네손**이라고 불렀어요.

칼슘 원자

21

컴퓨터로 화학 반응 실험

지구상의 모든 생명체뿐만 아니라 지구 자체도 화학 물질들이 서로 반응하며 새로운 물질을 형성하는 과정에서 시작되었어요. 어떤 반응들은 실험실에서 직접 연구할 수 없어서 **이론 화학자들**이 컴퓨터 가상 모델을 만들어요.

컴퓨터 가상 모델은 화학 물질이 특정 조건에서 어떻게 반응하는지를 보여 줘요.

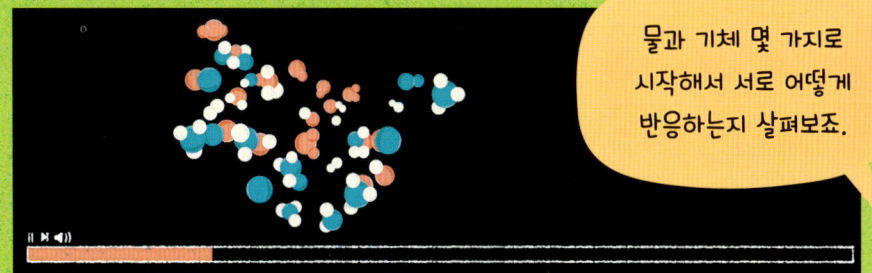

물과 기체 몇 가지로 시작해서 서로 어떻게 반응하는지 살펴보죠.

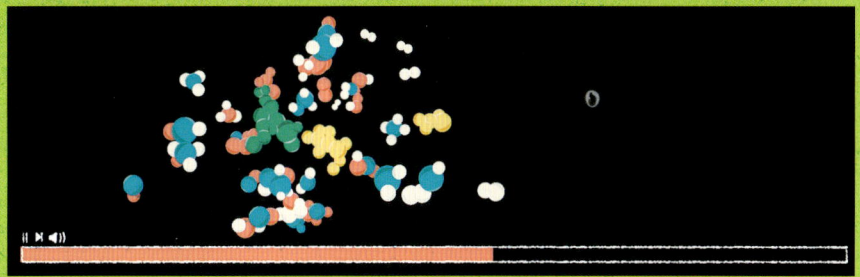

현실에서 이 반응은 10억 분의 1초 만에 끝나요. 컴퓨터 가상 모델을 이용하면 느린 화면으로 볼 수 있어요.

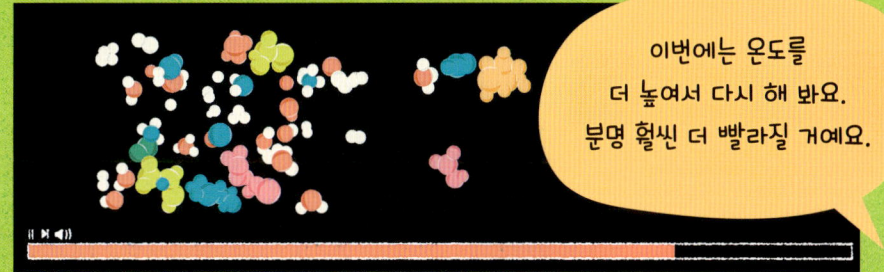

이번에는 온도를 더 높여서 다시 해 봐요. 분명 훨씬 더 빨라질 거예요.

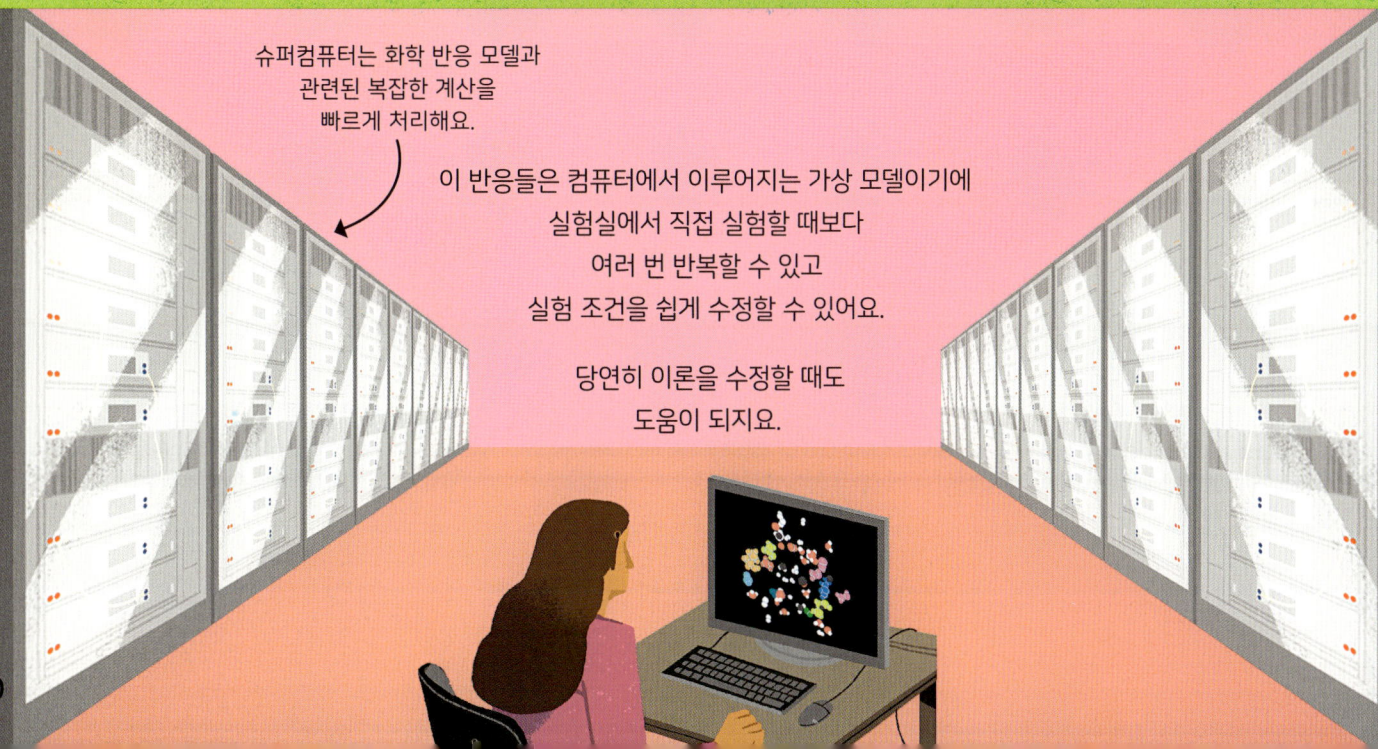

슈퍼컴퓨터는 화학 반응 모델과 관련된 복잡한 계산을 빠르게 처리해요.

이 반응들은 컴퓨터에서 이루어지는 가상 모델이기에 실험실에서 직접 실험할 때보다 여러 번 반복할 수 있고 실험 조건을 쉽게 수정할 수 있어요.

당연히 이론을 수정할 때도 도움이 되지요.

강입자 충돌기로 실험

세상에서 가장 큰 기계를 이용해 작디작은 입자들을 어마어마하게 빠른 속도로 충돌시키는 걸 상상해 보세요. 바로 **실험 물리학자**가 입자에 관한 이론들을 시험해 보는 방법이에요.

스위스 제네바 근처, 깊숙한 지하에는 **강입자 충돌기(LHC)**가 있어요. 실험 물리학자들이 이 기계로 실험을 해요.

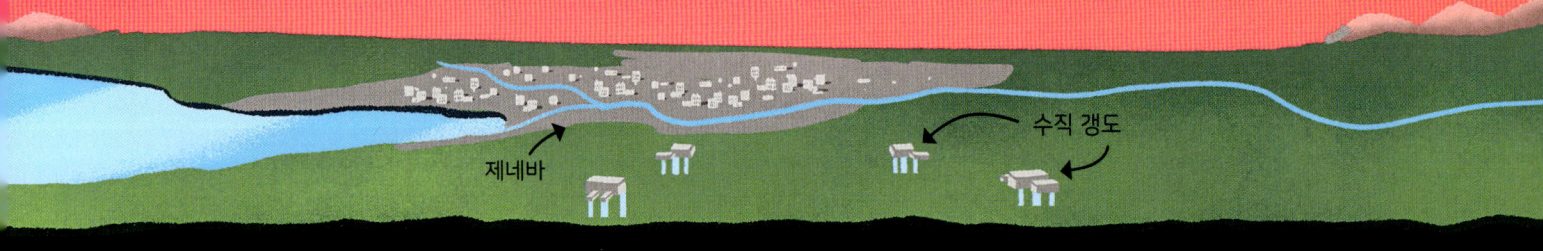

제네바 / 수직 갱도

자석은 입자가 거대한 원형 통로를 따라 돌게 해요. 원형 통로는 땅속 100미터 깊이에 묻혀 있어요.

입자는 거의 빛의 속도로 움직여요.

쉬이이이잉

강입자 충돌기는 길이가 27킬로미터예요.

입자들이 서로 충돌할 때 불안정한 B중간자들이 생겨나요.

B중간자들이 붕괴하고 나면 그 흔적을 탐지기가 감지해요.

탐지기 안은 이렇게 생겼어요.

업그레이드를 마쳤어요. 이제 제어실로 들어가서 실험을 시작할 거예요.

나중에 이론 물리학자들이 실험 결과를 연구해서 증거가 이론을 잘 뒷받침하는지 따져 볼 거예요.

이상하네요. 결과를 보니 뮤온보다 전자가 더 많이 발생했어요.

입자에 영향을 미치는 뭔가가 있는 게 분명해요. 처음부터 다시 시작하죠.

작은 원자에서 찾아낸 거대한 이론

원자와 그 속에 든 입자(알갱이)들은 너무 작아서 우리 눈에 보이지 않아요. 그렇기 때문에 그 입자들이 어떤 현상을 일으키고 서로 어떤 영향을 미치는지 알아내기가 쉽지 않지요. **이론 물리학자**가 이 놀라운 일을 맡고 있답니다.

과학자는 세상에 있는 모든 물질을 연구해요

세상이 어떻게 시작되었는지 궁금해한 적 있나요?
이런 어마어마한 질문에 관해 연구하는 과학자들을 소개할게요.

이론 물리학자는 세상에서 자연 현상을 일으키는 모든 것, 즉 '물질'을 연구해서 물리학 이론을 만들어요.

실험 물리학자는 다양한 물리학 이론과 가설을 증명하는 실험을 해요. 실험에 필요한 장치나 기술도 연구해요.

이론 화학자는 화학 물질이 서로 어떻게 반응하는지에 관한 이론을 개발해요.

핵물리학자는 모든 물질의 기본적인 구성 요소인 '원자'와 그 안에서 발견되는 훨씬 더 작은 입자에 관해 연구해요.

우주론자들은 우주의 탄생과 진화, 구조를 탐구해요.

직접 하늘 위로!

위성 추적으로 얻는 정보로는 부족할 때가 있어요.
계절이 바뀌면 이동하는 고니가 점점 사라지자 어느 **환경 운동가**가
고니를 따라 하늘을 날며 그 원인을 알아보기로 했어요.

함께 연구하기

과학자들은 학회를 열고 의견을 나누며 함께 연구해요. 이를 '공동 연구'라고 해요. 과학자들에게는 무척 중요한 일이지요. 힘을 모으면 까다로운 문제도 좀 더 쉽게 해결할 수 있으니까요.

산호 보호 학회에서 의견을 나누고 있어요.

산호를 어떻게 보호할 수 있을까요?

정치인들에게 얘기해서 정책을 만들고 환경 캠페인을 벌여야겠어요.

기후 변화에 대처해야 해요.

산호를 새로 심어요! 높은 온도에도 죽지 않는 산호를 발견했어요.

바다를 깨끗하게 유지해야 해요.

제가 보고서를 쓰죠.

사회 변화 이끌기

과학적 증거를 바탕으로 한 환경 보호 운동은 강한 영향력을 가질 수 있어요.

해양 생물학자이자 **환경 운동가**인 레이철 카슨은 1962년에 『침묵의 봄』이라는 책을 써서 'DDT'라는 살충제가 어떤 독성 물질로 강을 오염시키고 식물과 동물을 죽이고 있는지 세상에 알렸어요.

레이철 카슨

DDT를 뿌리는 모습

이 책 덕분에 많은 나라에서 DDT 사용이 금지되었어요. 또한 레이철 카슨은 사람들이 환경 보호를 실천하도록 이끌었어요.

나무를 심자!
야생 동물을 보호하자!
지구를 구하자!

멸종 위기 산호 보호

모든 해양 생물의 4분의 1은 산호초를 보금자리로 삼고 있어요. 산호초는 사나운 태풍을 막는 장벽이 되거든요. 산호 역시 기후 변화에 위협을 받고 있지만, **해양 생물학자**들이 산호를 보호하는 방법을 연구하고 있어요.

열대 지역인 플로리다 해협에서 해양 생물학자들이 산호 표본을 모으고 있네요.

해양 생물학자는 살아남은 산호들을 더 많이 키운 다음 다시 바다에 심어서 산호를 복구할 거예요.

움직이는 바다 실험실

바다에 떠다니는 실험실이나 깊은 바닷속에 있는 연구실을 상상해 본 적 있나요? 바로 **해양 생물학자**들이 일하는 곳이랍니다. 어떤 해양 생물학자들은 깊은 바닷속에 사는 신비로운 생물을 연구해요.

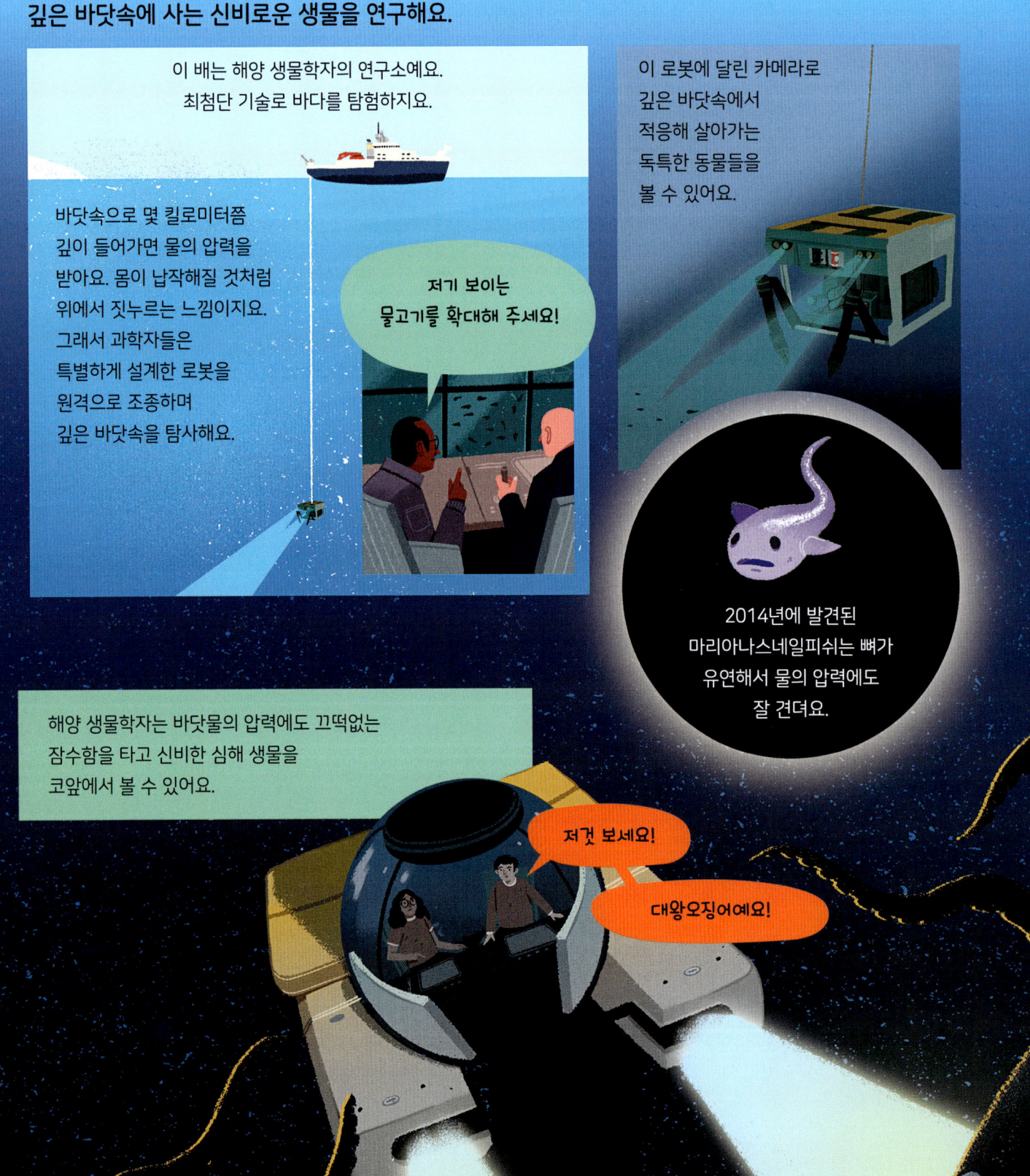

이 배는 해양 생물학자의 연구소예요. 최첨단 기술로 바다를 탐험하지요.

바닷속으로 몇 킬로미터쯤 깊이 들어가면 물의 압력을 받아요. 몸이 납작해질 것처럼 위에서 짓누르는 느낌이지요. 그래서 과학자들은 특별하게 설계한 로봇을 원격으로 조종하며 깊은 바닷속을 탐사해요.

저기 보이는 물고기를 확대해 주세요!

이 로봇에 달린 카메라로 깊은 바닷속에서 적응해 살아가는 독특한 동물들을 볼 수 있어요.

2014년에 발견된 마리아나스네일피쉬는 뼈가 유연해서 물의 압력에도 잘 견뎌요.

해양 생물학자는 바닷물의 압력에도 끄떡없는 잠수함을 타고 신비한 심해 생물을 코앞에서 볼 수 있어요.

저것 보세요!

대왕오징어예요!

바다에 사는 생물 조사

지구는 대부분 바다로 뒤덮여 있어요. 그렇지만 우리는 아직 바다에 관해 모르는 게 많아요. 그래서 호기심이 많은 과학자들이 바다 생물의 비밀을 밝히기 위해 열심히 연구하고 있어요.

우거진 숲에서 동물 조사하기

생태학자들이 아마존에서 얼마나 많은 종의 생물이 살아가는지 조사하고 있어요.
지금까지 알려진 모든 동식물의 10분의 1은 아마존 열대 우림에서 살아가고 있지요.
이렇게 한 지역 안에서 서로 다른 생물들이 어우러져 사는 것을 '생물 다양성'이라고 해요.
생물의 유전자나 생물이 살아가는 환경이 다양할수록 생물 다양성이 높다고 말해요.

나무가 빽빽한 정글에서는 동물을 발견하기가 어려워요.
그래서 생태학자들은 동물들의 움직임이 감지될 때마다
자동으로 사진을 찍는 카메라와
동시에 소리를 녹음하는 마이크를 설치해요.

마이크 테스트!
하나, 둘….

여러 동물이 사진에
찍히면 좋겠어요!

소리를 녹음하면, 생태학자가
직접 눈으로 보지 않아도
주위에 어떤 새가 있는지 알 수 있어요.

생태학자는 사진을 보고
희귀 동물을 추적하거나 동물들이
얼마나 존재하는지 셀 수 있어요.

생태학자가 동물이 사는 곳을 파악하고 나면
환경 운동가들이 그 동물들을 보호할 방법을 더 쉽게 찾을 수 있어요.

열대 우림 탐사

과학자들은 지구에 사는 생물 가운데 약 80퍼센트 정도를 아직 확인하지 못했다고 짐작하고 있어요. 만약 여러분이 새로운 것을 발견하길 좋아한다면 **식물학자**나 **생태학자**가 되어 지구를 탐험해도 좋을 거예요.

식물학자들이 아직 발견되지 않은 식물을 찾으러 뉴기니에 있는 울창한 열대 우림으로 깊숙이 들어가고 있네요.

뭔가 색다르고 독특한 식물이 있는지 눈 크게 뜨고 잘 살펴봐요.

처음 보는 식물이네!

표본으로 가져가야겠어.

실험실로 돌아오면, **생화학자**가 새로 발견한 식물을 자세히 살펴봐요. 생명을 구하는 약을 만드는 데 쓰일 수 있는지, 그 밖에 어디에 활용할 수 있을지 검토하는 거예요.

발견한 식물이 새로운 종(생물을 분류하는 기본 단위)이라고 확인되면 이름을 정하고 설명을 덧붙여서 다른 과학자들과 공유해요. 그러면 새로 발견한 희귀 식물을 더욱 잘 보호할 수 있어요.

식물학 학술지
투 데 이

새로운 식물 대발견!
시르탄드라 비타타

*킨디아 간간*이라는 식물은 2018년에 발견되었어요. 이 식물에서 나오는 화학 물질이 암을 치료하는 데 도움이 될 수 있다는 걸 실험을 통해 알아냈어요.

과학자는 지구에 사는 생명체를 조사해요

지구에서 살아가는 수백만의 생명체에 대해 궁금한 적이 있나요?
지금부터 다양한 생명체를 탐구하는 과학자들을 소개할게요.

식물학자는 모든 종류의 식물에 관해 조사해요.

생화학자는 세포, 유전자 등 생물체의 구성 요소와 그 안에서 일으키는 화학 반응에 관해 연구해요.

생태학자는 동식물이 살아가는 모습이나 생물과 환경 사이의 연관성을 탐구해요.

환경 운동가는 생물들을 보호하는 일을 해요.

해양 생물학자는 바다에 사는 생물을 집중해서 연구해요.

동물 행동학자는 동물이 어떻게 행동하는지를 조사해요.

바다 밑바닥은 어떻게 생겼을까?

지구에 사는 생물들은 모두 발견되었을까?

수백만 년 전에는 어떤 생물이 살았을까?

우주를 구성하는 건 무엇일까?

화성에 생명체가 살았을까?

이렇게 질문을 즐겨 하면서
탐구하길 좋아하는 사람이라면
과학자에 가까워진 거예요.
과학자들도 이런 질문을
자주 하거든요.

여러 분야의 과학자들은
수많은 궁금증을 해결하기 위해
지금 뭘 하고 있을까요?
지금부터 하나씩 살펴보아요.

과학자는 무슨 일을 할까요?

과학자는 세상이 어떻게 돌아가는지를 **탐구**하는 사람이에요. 세상 모든 것에 관해 **질문**하고 답을 찾으려고 노력하지요. 사물이 어떻게 작동하고 자연 현상이 왜 일어나는지 **관찰**하고 **실험**하면서 **증명**해 나가요. 과학에는 여러 분야가 있어서 과학자들은 각 분야마다 다른 이름을 가지고 있어요.

많은 과학자가 놀라운 **발견**을 수없이 해 왔지만 세상에는 아직도 답을 찾아야 하는 많은 질문이 기다리고 있어요.

지구 환경은 어떻게 변해 가고 있을까?

스스로 생각하는 컴퓨터를 만들 수 있을까?

새로운 약을 시험하는 가장 안전한 방법은 뭘까?

기후 위기에 어떻게 맞서 싸울 수 있을까?

차례

과학자는 **무슨 일**을 할까요?	4
과학자는 지구에 사는 **생명체**를 조사해요	6
과학자는 세상에 있는 모든 **물질**을 연구해요	16
과학자는 **지구** 곳곳을 알아 가요	24
과학자는 **우주**를 탐험해요	36
과학자는 **질병**과 싸우고 치료법을 찾아요	46
과학자는 **지구 환경**을 보호하는 방법을 찾아요	58
과학자는 새로운 **기술**을 개발해요	66
과학자가 되려면 **무엇**을 해야 할까요?	74

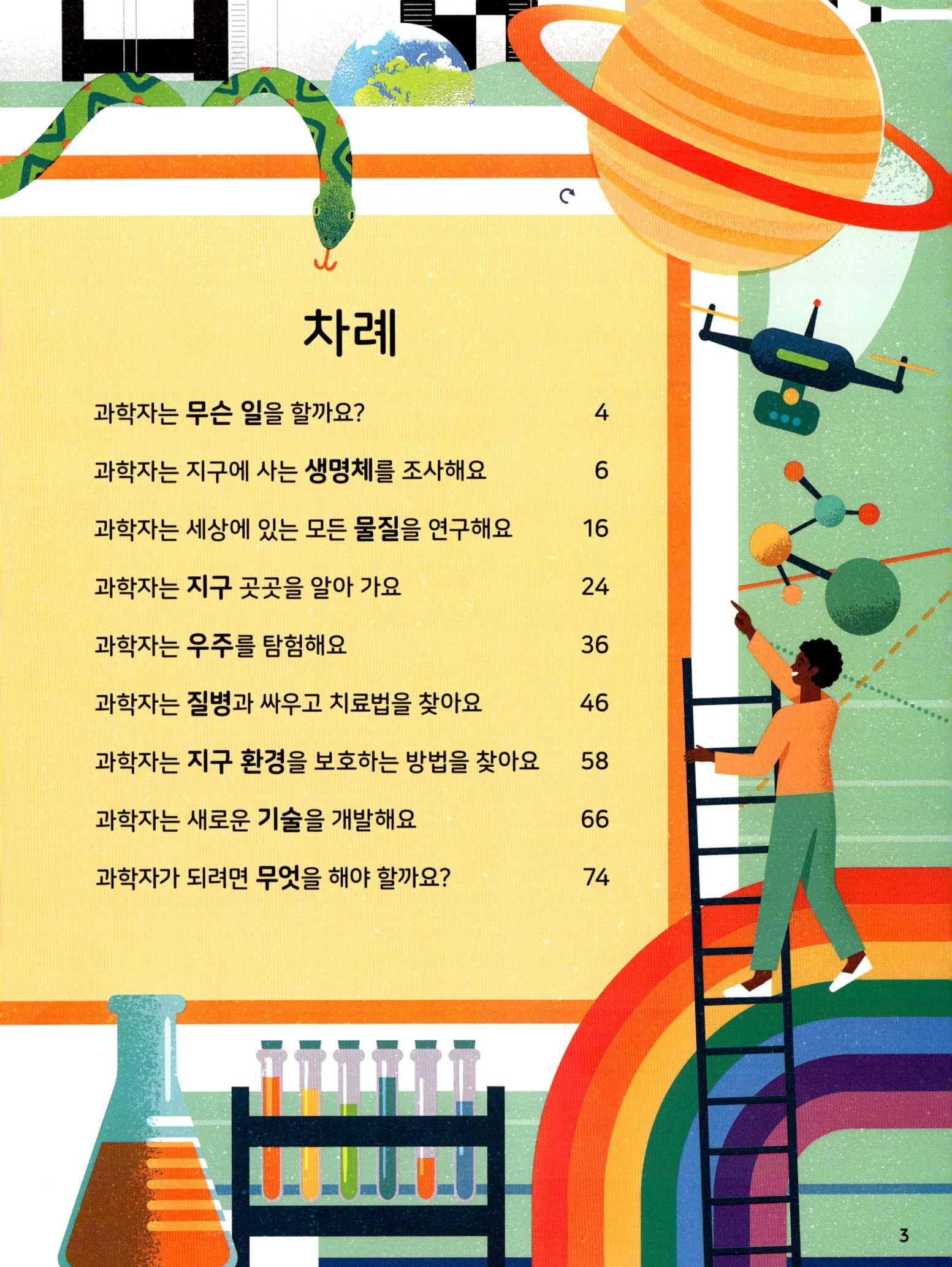

더 많은 정보를 얻고 싶다면

어스본 바로가기(usborne.com/quicklinks)에 방문해서 검색창에 'What do scientists do?'를 입력해 보세요. 과학자들이 어떤 하루를 보내는지 알 수 있고, 다양한 과학 활동을 할 수 있어요.

어스본 바로가기에서는 다음과 같은 활동들을 해 볼 수 있어요.

· 철새를 따라 하늘을 나는 환경 운동가 만나기
· 화산으로 가상 여행 떠나기
· 생각을 잘 정리해서 탐구 일지 쓰는 방법 알아보기

어스본 출판사는 '어스본 바로가기' 이외의 정보 이용에 대한 법적 책임을 지지 않습니다. 어린이가 인터넷을 사용할 때에는 반드시 보호자께서 지켜보면서 지도해 주세요.

과학자는 무슨 일을 할까?

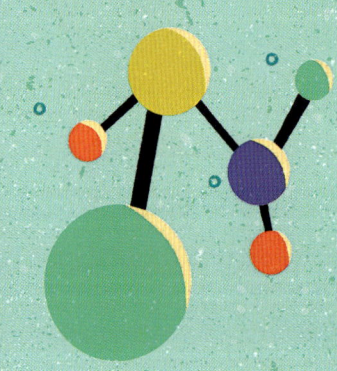

톰 뭄브레이 글
잔 토그릴, 제럴딘 시 그림
맷 프레스턴 디자인
신인수 옮김

스티븐 커리(임페리얼칼리지 런던 교수)
UK Space Agency(영국 우주국)
감수